もっと楽しく、
少しだけていねいな

お母さん仕事

家事力をぐんと上げる93のヒント

ひぐまあさこ

はじめに

日々の生活は、朝昼晩終わったと思ったら次のごはんを考え、洗濯物を干しては取り込み、その合間に「母ちゃん！」「母ちゃん！」と子どもたちに呼ばれ、細切れながらもこなしていく毎日……。更に評価も給料も休暇もなければ、代わりの人材もいないのがお母さん仕事です。

でも人から求められ、人の役に立つのが仕事だとしたら、おうち仕事もお母さん仕事も、立派な仕事ではないかと思いました。かつて会社を退職し初めての子育てをしていたときには、社会から取り残されたような孤独感を感じたものですが、今はこう思うのです。私は社会から降りたわけじゃない、ここも社会の第一線、言ってみれば「お母さん」という仕事に転職しただけなのではないかと。

わが家は夫と私、中学生の長男、小学生の次男、そして幼稚園児の長女と3人の子どもがいる5人家族です。大学卒業後は企業の広報を担当していましたが、第一子妊娠と同時に退職、それからはずっと家事と子育てに専念しています。

私はなにかの免許も資格も持たない普通のお母さんです。そんなどこにでもある家庭の日常をブログに綴っていたある日、「ひぐま家の生活」を本にしませんか？というお話をいただきました。

食べて寝て働いて遊んで……、そんな当たり前の日常を変わらずに営み続けていくこと。家や子どもや社会のことに、まじめに向き合い行動していくこと。それがお母さんの仕事だと思っています。そんな小さな家庭での毎日の営みが、社会の根っこを作っていく。その日々には、小さくても確かな幸せがたくさん詰まっています。どうせやるなら楽しく！　そして少しだけていねいに……。この本がそんな毎日のヒントになれば、とても嬉しく思います。

もくじ

第一章

たべること

〝温かいごはんを、家族そろって
「おいしいね！」と食べてきた子に、
大きな間違いは起こらないはず〟
これは私がずっと大切にしている
モットーのひとつです。
子育てでは何もかも完璧にはできないから、
生きる基本となるごはんだけは、
がんばって作ろうと思ってきました。
たまには手抜きもするのだけど、
食べること抜きに人は生きてはいけないから、
まずはしっかり寝て、しっかり食べさせる。
それが家族ひとりひとりの強い土台を作るのだと信じて、
今日もごはんを作る母ちゃんなのです。

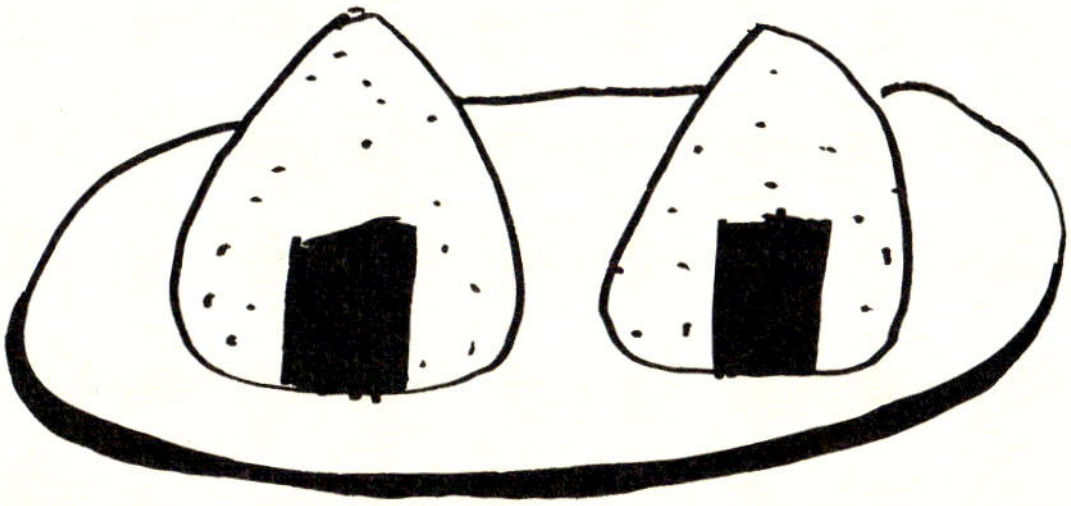

毎日のごはんが、生きる底力《そこぢから》になる

「さあ食べて！」「いっぱい食べてね！」そう言いながら子どもたちにごはんを用意する日々の中で、ふと〝食べさせることは生きさせること〟なのだと思った。

いっぱい食べてね、ということは、めいっぱい生きてね、ということ。楽しい食卓の記憶を重ねることは、生きていくことは楽しいよ、ということを伝えることに他ならないと。

人も生き物だから、食べなければ生きてはいけません。他の命をもらって、人もまた生きていく。嬉しいことがあっては食べ、悲しいことがあってもやっぱり食べてきた。日々繰り返してきたこの行為の積み重ねは、とても大きいと思うのです。

とはいえ食事は毎日のこと。作るほうとしてはモチベーションを保つのはとても大変です。作っても作っても、昼ごはんが終わったと思ったら、「晩ごはん、なあに？」などと聞かれるのですから。

そして理想はあっても現実は、仕事の忙しい夫の帰りは毎晩遅いし、息子たちも、やれクラブだ、やれ塾だと、家族そろって食事をするのもだんだんと難しくなってきました。それでもひとりで食べる〝孤食〟にはなるべくならないように、それぞれが違うものを食べる〝個食〟にもならないように、ここは台所を預かる私がちょっとだけ努力しようと思っています。

だって夫や子どもたちが一日の半分を過ごしている職場や学校では、色々なことがあるはずです。それでも家に帰れば温かいごはんがあって、家族にとってはとても安心できると思うから。そしておいしく食べられたら、とりあえず大丈夫じゃないかと、そう思うのです。

ごはんが家族をつなぐ。家族の安心を支える。「同じ釜の飯を食ってきた仲」という言葉もあるように、たとえ他人でも毎日同じごはんを食べていたら家族同然になるくらいなのだから、家族もやはり同じごはんを食べ、より強くつながり生きていきたい。

なんやかんやで子どもたちは大きくなり、家族は皆元気に暮らせています。それは家族を思って、少しだけていねいにと思って作ってきた、そんなごはんのおかげなんじゃないかと私は感じています。

おいしいは生きる力の基本。生きていく上での底力だと信じているのです。

「毎日、ちゃんと作ってちゃんと食べるって、幸せなことだね」結婚当初に夫が言った言葉が、今も私の心に残っています。

ひぐま家の ごはんアルバム

料理本より友人宅の献立が参考になる…
なんてことありませんか？　そんな効果を願って。

毎日のごはんは「少しだけ」体にいいものを

これから生きていく子どもたちの体を考えると、肉や養殖魚に使用された薬剤も気になるし、遺伝子組み換え作物もなんだかあやしいし、農薬もなるべく使用の少ないものを、と思ってしまいます。でも〝体に良くないものは一切排除〟などと徹底してこだわりすぎると、食費だって相当上がってしまうだろうし、食べられるもの自体少なくなって、食事がつまらないものになってしまう気がします。だから、そこはこだわりすぎない。家計を考えつつ選んだ食材で毎日のごはんを作っています。

その土地で採れたものや、旬のものも大切にしています。季節のものをいただくのが体にも一番いいし、なにより採れたてのものは、おいしいし新鮮だし安い。

加工品にももちろん助けてもらいます。買うときは添加物の表示をよく見ながら。私たちひとりひとりの買い方で、市場に出回るものだって変えられるはず。まじめに作っているメーカーを応援する気持ちで、買い物もしています。

足りないものは
スーパーで買い足し

宅配は週に１度なので、後半は新鮮な食材が足りなくなってきます。またその日の気分で食べたいものも出てくるので、週に２～３回、食材を買い足しています。

食材はパルシステムで
宅配してもらう

生協の宅配サービスで一週間分の食材を届けてもらっています。有機栽培や低農薬の野菜があり、加工品は化学調味料不使用。
HP http://www.pal-system.co.jp/
※関東近郊のみ

葉ねぎ

毎週木曜日に届く食材を使い切り!

ひぐま家の食卓一週間

子どもたちが食べ盛りに入ったこともあり、料理は多めに作ります。
そして残ったら、お弁当や朝ごはんのおかずに。
年中無休のひぐま食堂、本日も開店です!

《一日目(木曜日)》

●ガパオライス風挽肉炒めごはん●目玉焼き●グリーンサラダ●油揚げとわかめの味噌スープ

この日は用事があって一日中外出。晩ごはんは簡単なワンプレートにしました。ナンプラーとオイスターソースで味付けした挽肉で、ごはんがしっかりいただけます。エスニック料理もわが家では人気メニューです。

《二日目(金曜日)》

●豚の生姜焼き●ポテトサラダ●せんキャベツ●スナップエンドウ●大根のべっこう漬け●ごはん●味噌汁

定番メニューの生姜焼きに、旬のスナップエンドウを添えて。べっこう漬けは、短冊に切った大根(300g)を少し干してから、大さじ2ずつの醤油とみりんと酢、5センチ角の昆布、唐辛子1本に漬けたもの。

《三日目(土曜日)》

●ナスとピーマンの肉詰め●キュウリと竹輪入りもずく酢●大根のべっこう漬け●炒り大豆ごはん●味噌汁

週末は家族そろって食卓を囲めるので、おかずは大皿に盛り付けます。食べず嫌いや好き嫌いが少なくなるように、食べても食べなくても、食卓にはできるだけ色々な料理を並べるようにしています。

≪四日目（日曜日）≫

●カツオのたたきサラダ●きんぴらごぼう●青大豆の浸し豆●大根のべっこう漬け●筍ごはん●かき玉汁

出かけた先で新鮮な筍を発見！　同じく旬の初ガツオも買ってきたので、それはサラダ仕立てに。きんぴらごぼうはパンにも合います。食パンにスライスチーズとともに乗せ、トーストして最後に海苔を散らします。

残ったおかずは
次の日の朝ごはんに

≪五日目（月曜日）≫

●シシャモの南蛮漬け●カリカリじゃこ和え粉ふき芋●キャベツと青菜の煮浸し●五分づきごはん●味噌汁

冷凍のシシャモはから揚げにして、新玉ねぎをたっぷり和えた南蛮漬けに。実はこれ、お惣菜屋さん（P21）で買ってきたおかずを、真似して作ってみたもの。家族の評判もよく、わが家の定番入り決定です！

≪六日目（火曜日）≫

●鮭とイクラの親子丼●さつま芋の塩きんぴら●プチトマトの和風マリネ●具だくさん豚汁

次の食材配達日が近くなると、残り野菜でたっぷりの汁物を作ります。和風野菜が残ったら豚汁やけんちん汁に、洋風野菜が残ったらミネストローネスープに。翌朝はうどんやパスタを入れて食べ切ります。

豚汁にはすいとんを
落として食べ切ります

≪七日目（水曜日）≫

●鶏むね肉の塩麹焼き●ねぎ焼き●青菜のナムル●にんじんしりしり●グリーンピースごはん●味噌汁

塩麹に30分ほど漬けてから焼くと、鶏むね肉もとてもジューシーに仕上がります。洗い物を減らしたくて、メインと野菜のおかず3品はひとつのお皿に盛り付けてみたら、色合いも楽しい一皿になりました。

ひとりで食べる夫の分は
小皿も使い定食風に

やっぱり良い、昔ながらの割烹着

おしゃれなイメージがなかった割《かっ》烹《ぽう》着《ぎ》ですが、最近は柄がなく形もすっきりしたシンプルなものも見かけるようになりました。それで試しに買って使ってみたら、その使い勝手の良さに感動！　こちらの「無印良品」のものは麻素材で、冬は暖かく逆に夏はさらりと涼しいため、お母さん仕事の制服とばかりに、毎日愛用しています。

これさえまとえば前はしっかり覆われ、油はねや水はねも気になりません。袖にはゴムが入っているので、きゅっと袖を上げれば、「さ、やるぞ！」とやる気すら湧いてくるようです。

台所仕事だけでなく、掃除など家事全般すべて、割烹着を着ていると快適にこなせます。

食材の保存

青菜の保存

青菜は鮮度が落ちやすいので、買ってきたらさっと茹で、しっかり絞ってから琺瑯容器へ。万能ねぎもしっかり水気を取ってから、小口切りにして、ガラス容器へ。こうしておくとすぐに使えます。

大葉の保存

使い切れずに余ってしまった大葉は、切り口を切りそろえてから、1センチ程水を張った小さな瓶に切り口を下にして入れ、軽く蓋をしてから冷蔵庫にしまいます。一週間は新鮮なままです。

50度洗い

野菜は50度の湯で洗ってから保存します。しなびかけていた青菜もぴんと元気を取り戻し、トマトやにんじんなどは甘みも増すようです。保存性も格段に上がるので、このひと手間は侮れません。

牛乳パックの利用法

古い油を捨てる

古い油は牛乳パックへ入れて捨てています。油で汚れた鍋は、古新聞やトイレットペーパーで中をぬぐい、その古紙も牛乳パックに入れて油を吸わせます。パックの口は2回折って閉じ、廃棄します。

揚げ物を受ける

開いた牛乳パックの上にキッチンペーパーを敷き、揚げ物を受けるバット代わりに。下味付けや小麦粉をはたく作業、卵をつけた後にパン粉を付けるのもこの上でできるので、揚げ物のときは大活躍です。

サブまな板に

においや食中毒も気になる生魚。新聞紙の上に牛乳パックを敷いて、その上でさばきます。肉の下ごしらえに使うことも。作業が終わったら、下の新聞紙と共にゴミ箱へ。まな板を洗う手間も省けます。

便利な常備タレ色々

《 刻みニンニクのオイル漬け 》

ニンニクを細かく刻んだら清潔な瓶に入れて、ニンニクが隠れるまで菜種油を注いだら完成。唐辛子も一緒に刻んで入れても良いです。冷蔵庫で保存し、一週間ほどで使い切ります。

これらのタレを作って常備しておくと、日々の調理が格段に楽になります。肉を焼いて酒と〝ニンニクしょうが醤油〟をからませれば、あっという間に生姜焼きが完成。和風の煮物なら具材を炒めてから、薄めた〝自家製めんつゆ〟で煮れば出来上がりです。〝万能和風タレ〟は甘辛のこっくりした味なので、丼や焼き鳥のタレとして使えます。もちろんお出汁《だし》と一緒に煮物の調味に使っても。

〝ニンニクのオイル漬け〟があれば、パスタソースもガーリックソテーも楽々です。使う分だけフライパンに移せばよいので、〝時短〟できます。

〝手作り塩麹〟も常備しておくと便利です。肉や魚を漬けて焼くだけでメインが完成するし、浅漬けに、ドレッシングに、用途は無限大です。

《 自家製めんつゆ 》

小鍋にみりん 1/2 カップを入れ、中火で 1 分ほどふつふつと煮詰める。そこに醤油 1/2 カップ、かつお節 20g、水 2 カップを加えて強火で煮立ったら、弱火で 4 分煮て、かつお節を濾したら完成。冷蔵庫で一週間くらい保存可能です。

《 ニンニクしょうが醤油 》

瓶にニンニクとしょうがのかけらを入れ、ひたひたに醤油を注いで 2 ～ 3 日置いたら完成。半端に残ったニンニクやしょうがを見つけたら、この瓶に入れておきます。冷蔵庫で保存し、使ったら醤油を継ぎ足しておけばずっと使えます。

《 手づくり塩麹 》

米麹ひと袋 200g に対して 60g の塩を混ぜ込み（塩の分量は麹の 3 割）、400ccの水を加えてかき混ぜてから軽く蓋《ふた》を乗せ常温に置く。その後は毎日 1 回かきまぜて、一週間から 10 日くらい常温に置けば完成。夏は心配なら冷蔵庫で保存します。

《 万能和風タレ 》

小鍋にみりん 1 カップと砂糖大さじ 1 を入れ、ひと煮立ちさせたら、醤油 1 カップを加えて、もう一度ふつふつと煮立たせれば完成。冷蔵庫で保存します。ガス感知器が作動することがあるので、みりんを煮詰めるときは換気扇を忘れずに！

蒸し器が大活躍！

“蒸したパン”は最高！

少し硬くなったパンを蒸籠で蒸すと、もちもちふわふわ、ほかほかに生まれ変わります。これは想像を絶するおいしさ！

わが家には結婚当初から電子レンジがありません。そう言うと誰もが驚くのですが、ないことが普通になっていて、困ったこともないのです。

電子レンジの代わりに、冷やごはんやおかずの温めなおしに蒸籠《せいろ》を使うと、そのおいしさに驚きます。なによりその湯気が、ごちそう感を盛り上げてくれるような気がします。

蒸籠は横浜の中華街で買いました。シュウマイを蒸したり、肉まんを作ったり。切って蒸しただけの野菜も、甘みが引き立ってとてもおいしい。

蒸籠のいいところはそのまま食卓に出せること。テーブルの上で蒸籠の蓋を開ける瞬間、わぁと歓声が上がります。蒸籠のある生活はあまりにも良くて、その後もう一段買い足したことは言うまでもありません。

デパ地下パトロールでレパートリーを増やす

数日ごとに変わるカフェ惣菜店のお弁当は、おいしいメニューの宝庫です。

ごはんは毎日のことだけに、新作メニューも随時導入していかないと、マンネリ化は避けられません。マンネリ打破のために本や料理番組を見ることもありますが、インスピレーションを得られるのは、デパ地下やお惣菜屋さん。色とりどりのおかずは見ているだけでも楽しいし、食材の組み合わせや盛り付け方など、たくさんのヒントがもらえます。なにより気になったものは、買って味見ができる！

買って終わりにしないのが賢い主婦です。おいしかったものは材料をメモしながら、ああでもないこうでもないと真似して作ってみます。

新作の研究と称してたまにお惣菜を買わせてもらう。いい口実だなあ、と思っています。

朝ごパンの話

和風餅ピザトースト

食パンに薄くマヨネーズを塗り、さいの目切りにした餅とチーズを乗せ、醤油を垂らしてトースト。海苔を散らして完成。

「早寝、早起き、朝ごはん」。これは子どもが通う小学校から、ことあるごとに聞かされてきたモットーです。学力を身につけさせること以前に、まずは生活習慣が大切で、子どもの生活リズムを作るのは家庭なのだと、これは親に対する学校からの要望でもあるのだと思います。というわけで、朝ごはんは大切です！

私自身がパンも大好きなので、毎朝用意するものはパンが多いです。具だくさんスープや卵料理を添えたり、ホットサンドのときもあれば、色々な具を乗せて焼くのっけパンのときも。

朝だけは家族全員で食卓を囲めます。おしゃべりしながらしっかり食べさせ、今日も元気にいってらっしゃい！と、送り出す毎日です。

シンプルな器でそろえる

木製プレートも大活躍！　これにおかずを盛り付けるだけで、普段のごはんがカフェ風に。

和・洋・中
どんな料理も
受け止められる
白い食器は優秀です

結婚してまずそろえたのは、大中小と重なっている「無印良品」の白い食器たち。その後通販などで、ガラスのボウル、木のプレート、丼と、柄のないシンプルな形の食器を選んできました。

残念ながら日本の製品はすぐにモデルチェンジしてしまいますが、普段使いの器はできれば買い足せたほうが嬉しいので、わが家では「イッタラ」社の食器も愛用しています。いつでも買い足せ、北欧のものながら和食にも合い、どの器もとても使いやすいのです。

定番食器での例外は、毎日使うごはん茶碗。個性的な柄のそれは沖縄のやちむん（焼き物）で、旅行したときにそれぞれが、自分のお茶碗を選びました。

おやつもごはん

幼児は一度に食べられる分量が少ないから、食事と同じようなおやつが必要らしい。そんなことを聞いてから、わが家では小さなおにぎりを常備するようになりました。今は上のふたりが食べ盛りになり、お菓子ではいくらあっても足りません。なのでやっぱり、おやつはまずおにぎりです。

とはいえおやつはお楽しみでもあります。「今日のおやつは？」そう聞いてくる子どもはなんだか嬉しそう。おやつはとても自由なものだから、甘いものを楽しんだり、ときには一緒に作ったり……、楽しい記憶として子どもの心に残るといいなと思っています。ごはんと同じく、おやつの奥にある愛情も食べて、子どもは大きくなっていく気がします。

ひぐま家の おやつアルバム

作って楽しい、食べておいしい。
おやつタイムは、みんなの幸せの時間です！

リピート率抜群の
ひぐま家
オリジナルレシピを
ご紹介します！ 1

豚肉とトマトの重ね鍋

家族がそろう週末のごはんは、みんなで囲める鍋料理がよく登場します。鍋といえば冬を思い浮かべますが、これは夏においしい重ね鍋です。

●材料（4～5人分）
豚もも肉薄切り
（しゃぶしゃぶ用）…300g
玉ねぎ…大2個
トマト…大2個
ピーマン…2個
ニンニク…2片
オリーブオイル…適量
塩、コショウ…各少々
★大根おろし、醤油…各適量

●作り方
1　玉ねぎとトマトは1cm厚さ、ピーマンは5mm厚さの輪切り、ニンニクは薄切りにする。
2　浅型の鍋にいくつかにばらした玉ねぎを並べ、豚肉、トマトと重ねたら、再び玉ねぎ、豚肉、トマトと重ねていく。
3　具材を重ね終えたら、ピーマンとニンニクを散らし、塩、コショウをふる。最後にオリーブオイルをさっと2周ほど回しかけたらしっかり蓋をする。
4　鍋を火にかけ、中火で10分ほど煮る。具材に火が通ったら完成。
★　大根おろしにしょうゆを垂らし、それにつけながらいただくとおいしい。

鮭と大根の味噌グラタン

鮭に大根や椎茸を合わせ、ホワイトソースに味噌を加えたら、ごはんにも合う和風のグラタンが完成しました。友人にこれを出すと、必ずレシピを聞かれます。

●材料（4～5人分）
大根…15cm分（700gくらい）
鮭の切り身…3切れ
長ネギ…15cm分
（もしくは玉ねぎ半分）
椎茸…1パック
（8枚くらい）
牛乳…2カップ（400cc）
バター…30g
小麦粉…大さじ3
酒…大さじ2
味噌…大さじ2
ピザ用チーズ、パン粉…各適量
塩、コショウ…各少々

●作り方
1　大根は縦四等分して、2cmの厚さのいちょう切りにし、柔らかくなるまで茹でる。
2　鮭は一口大に切り、椎茸はそぎ切り、長ネギは斜め薄切りにする。
3　大きめのフライパンにバターを溶かし、**2**の椎茸と長ネギを炒め、鮭を加えて塩、コショウし、炒め合わせる。酒を振って蓋をし、1～2分蒸し煮したら、牛乳を加える。
4　煮立つ直前に、小麦粉大さじ3を同量の水でよく溶いたものを加え、中火で煮込んでとろみがついてきたら、味噌を加えて混ぜる。
5　耐熱容器に**1**の大根を水気を切って敷き、**4**のソースをかけたら、ピザ用チーズ、パン粉を乗せ、トースター（もしくは240度くらいの高温のオーブン）で15分ほど、おいしそうな焼き色がつくまで焼く。

春雨炒めサラダ

お客様が大勢いらっしゃるというときに、私の実家で必ず登場していた一皿です。冷めてもおいしいのでお弁当に入れたり、もちよりの会にもよく持って行きます。

●材料（4～5人分）
緑豆春雨…1袋（100g）
玉ねぎ…1/2個
にんじん…1/2本
干し椎茸…3枚
サラダ油…大さじ2
酒…大さじ2
醤油…大さじ2
卵…1個
ハム…4枚
さやえんどう…15枚くらい
砂糖、塩、コショウ…各少々

●作り方
1　春雨は袋に書いてある時間下茹でする。
2　干し椎茸は水で戻し、薄切り。にんじんはせん切り。玉ねぎも繊維に沿ってスライスしておく。
3　卵は砂糖、塩ひとつまみずつ入れて薄焼きにした後、細切りにして、錦糸卵を作る。
4　さやえんどうはさっと茹でてからせん切り、ハムもせん切りにする。
5　フライパンにサラダ油を熱し、**1**の春雨を炒める。
6　にんじん、玉ねぎ、椎茸も入れ、炒め合わさったら、酒、醤油を加え、塩、コショウで味をととのえ、皿に盛る。
7　**3**、**4**で用意した卵とさやえんどうとハムを盛り付けて完成。
★　食べるときに全体を混ぜ合わせます。

トリプル大根サラダ

切り干し大根に生の大根、そしてカイワレ大根と、3種類の大根を使った歯ごたえも楽しいサラダです。ホタテ缶がよい味を出してくれます。

●材料（4～5人分）
切り干し大根…一袋（60g）
大根…太い所5㎝分（250gくらい）
かいわれ大根…1/2パック
ホタテ缶（小）…1缶
マヨネーズ…大さじ3
すりごま（白）…適量
塩、コショウ…各少々

●作り方
1　切り干し大根は水で10～15分ほどもどす。大根はせん切りにして塩をふたつまみふり、しばらくおいておく。どちらも水気をぎゅっとしぼる。
2　ボウルにホタテ缶を汁ごと入れてほぐし、**1**の切り干し大根と大根、さらにかいわれ大根を加え、マヨネーズ、すりごま、塩、コショウで和える。

リピート率抜群の
ひぐま家
オリジナルレシピを
ご紹介します！ ❷

型抜きクッキー

子どもが大好きなクッキー作りは、粘土遊びに通じるのかもしれません。この生地はべたつきにくく扱いやすいので、子どもと一緒の作業もスムーズにできると思います。

●材料（4人分）
薄力粉…250 g
砂糖…100 g
バター…100 g
ピーナツバター
（加糖・粒なし）…50 g
卵…1個

●作り方
1　ボウルにバターとピーナツバター、砂糖を入れ、泡立て器で白っぽくなるまですり混ぜる。
2　溶きほぐした卵を少しずつ加えながら混ぜる。
3　薄力粉を振るい入れ、ゴムベラでさっくり混ぜたらひとつにまとめる。
4　打ち粉をしたクッキングシートの上で生地を伸ばし（5㎜厚さ）、型で抜いて、竹串やスプーンを使って目鼻を付ける。
5　**4**の生地を天板に並べ、180度のオーブンで20～25分ほど焼く（オーブンの種類や抜いた生地の大きさで変わってくるので、焼き具合を見ながら時間を調整してください）。

フルーツ牛乳寒天

とにかく簡単！　思い立ったらすぐに作れるので、急のお呼ばれのときにもさっと作って持って行くことができます。お弁当のデザートとして作ることも多いレシピです。

●材料（4人分）
牛乳…1カップ（200cc）
砂糖…40g
寒天パウダー…1袋（4g）
好みの果物
（いちごやキウイ、バナナなど。缶詰でも可）…適量

●作り方
1　果物を食べやすい大きさに切って、器に分け入れる。
2　鍋に水1と1/2カップ（300cc）、寒天パウダーと砂糖を入れ火にかける。沸騰してからさらに1～2分煮て、寒天をしっかり溶かす。
3　**2**に牛乳を加えたら火を止める。
4　**1**のフルーツの入った容器に流したら、冷蔵庫で冷やし固める。

ヨーグルトケーキ

子どもたちに聞くと、このケーキをリクエストされることが多いです。レアチーズケーキのような味わいですが、ヨーグルトを使っているのであっさりといただけます。

●材料（直径20㎝の型1台分）
プレーンヨーグルト…200g
牛乳…1カップ（200cc）
生クリーム
…1/2カップ（100cc）
砂糖…70g
粉ゼラチン…12g
レモン汁…1個分
市販のビスケット…15枚
バター…50g
★　底の抜ける型の場合は、生地が流れ出ないように、あらかじめ型にラップを敷いておきます。

●作り方
1　ビスケットを砕いたものに溶かしバターを混ぜて、型の底に敷き詰め冷蔵庫で冷やしておく。（※1は省略しても良い。）
2　鍋に牛乳を入れて45度（熱いお風呂のお湯）程度に温め、粉ゼラチンを大さじ3の水でふやかしたものを入れて溶かす。
3　生クリームを泡立て器で八分立てにし、砂糖、レモン汁、プレーンヨーグルトを入れて混ぜ合わせる。
4　**3**に**2**を加え、よく混ぜた後、型に流し入れて、冷蔵庫で冷やし固める。
★　切り分けて盛りつけた後、フルーツやミントの葉、残った生クリームを泡立てたものやレモンスライスなどでデコレーションしてもすてきです。

木の実のタルト

ハードルの高いタルト作りですが、生地は3種類の材料、中身のソースは2種類の材料を混ぜるだけで完成する簡単レシピです。ナッツは胡桃《くるみ》だけでもおいしいです。

●材料（直径22㎝の型1台分）
薄力粉…160g
クリームチーズ…90g
有塩バター…90g
卵…1個
ブラウンシュガー…100g
ミックスナッツ…80g

●作り方
1　クリームチーズとバターは室温で柔らかくし、泡だて器でホイップする。
2　**1**にふるった薄力粉を入れ、木べらまたはゴムベラでざっくりと混ぜ合わせたら生地をひとまとめにし、それを指先を使って型にきれいに敷き詰める。
3　200度のオーブンで15分、生地を空焼きする。
4　空焼きした**3**の中にミックスナッツを敷き詰め、卵とブラウンシュガーをよく混ぜ合わせたものをさらに流し込む。
5　180度のオーブンで30分焼く（焼き時間はオーブンの種類によって変わってくるので、焼きが足りないようなら、焦げないようにアルミホイルをかぶせてもう少し焼いてください）。

第二章

おうちをととのえること

最近ついてないし、
なんとなく疲れてる……
そんなときこそ片づけと掃除に励みます。
余計なことは考えずに淡々と、
ただ無心になって体を動かすのです。
そうして家がきれいになった頃には、
なんだか心も晴れているよう。
掃除はもっとも簡単な開運行動でもあるらしい。
確かにきれいな場所では
良いこともたくさん起こりそうです。
家を整えることで、気持ちも整っていく。
生活する場所と心は、
どうやらつながっているようです。

家を整えることで、すべてが整っていく

育児って片づけること⁉　と錯覚するくらい、子どもと生活していると家が散らかります。それを元に戻そうと、来る日も来る日もお片づけ……。だからといって、「子どもがいるから部屋が片づかないのは仕方がない」というのは言い訳なのだと、友人のきれいに片づいた家にお邪魔したときに気づきました。彼女は小さな子どもが4人いても、いつもすっきりと暮らしていたから。

できている人がいるのだから、うちだってできるはず！　そこから不要なものは処分し、ひとつひとつ物の定位置を決めていきました。そして、わが家は毎晩リセットタイムを設けることに。家庭内の公共の場であるリビングに出ているものは、寝る前にすべて元の場所に戻します。そうすることで、部屋はすっきりとした状態を保てています。

とはいえすっきりした家は、初めからできていたわけではありません。視界に物があふれ、雑然としていたかつての家には人を呼ぶこともできず、そんな家での初めての子育てでは、ひとりイライラを募らせていました。物に囲まれた部屋にイライラ、思うようにはならない

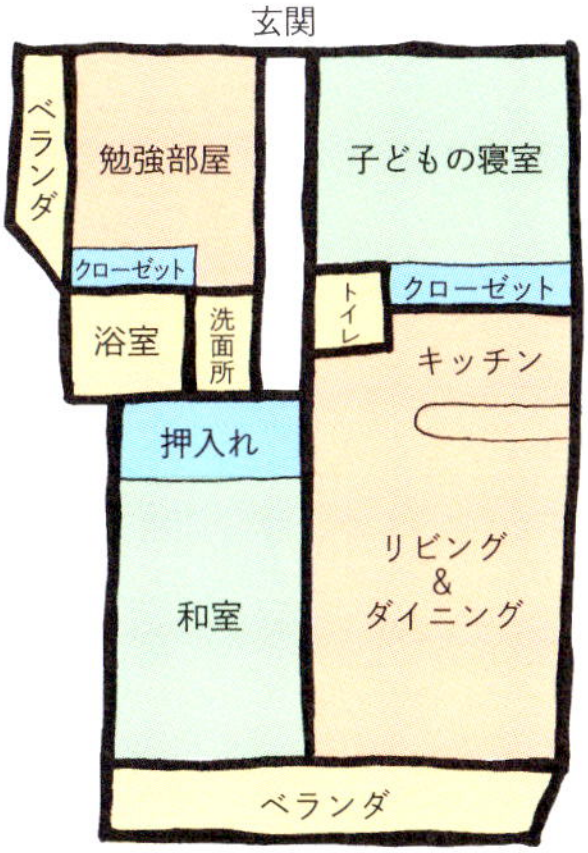

ひぐま家の間取り
3LDK
76㎡

子育てにもイライラ……。でも目の前にいる子どものほうを変えることはできません。ならばと部屋のほうを何とかしようと思ったのです。

暮らす環境や住む家のみならず、置かれた状況や人間関係は、自分では選べないこともあるし、すぐに変えられるものでもありません。でも今いる場所が自分の場所と受け入れ、置かれた状況で自分にできることを探して行動していく。その小さな工夫や改善の積み重ねで、よりよい生活は築かれていくように感じます。なんでもない日常を、豊かに暮らしやすくしていくのは自分。今いる場所で、幸せを作るのも自分。それに気づきさえすれば、あとはやるだけです。

そうやって家を整えていく過程で、気づいたことがあります。家が片づいていくに従って、心も体もすっきりと整っていくように感じたことです。人は人、自分は自分。他人と比べて焦ることもなくなり、考え方もすっきりと整頓されていくように感じました。さらに理不尽なトラブルにも巻き込まれなくなった気がします。

家を整えることで心も整い、さらに周りの環境すら整っていく。自分の家を暮らしやすくしていくことで、すべてがうまくいき始めるのだとしたら、片づけほど簡単な方法もないのかもしれません。

リビング＆ダイニング

日中散らかり放題のリビングは、夜になったらお片づけ。翌朝は片づいた部屋から一日をスタートさせます。こちらに越してきて12年経ち、子どもは増えましたが、家族が集うこの場所は、引っ越し当初とほとんど変わっていません。

家具は必要最小限で、物がなく見える部屋の裏側を、次ページから公開します。

キッチン

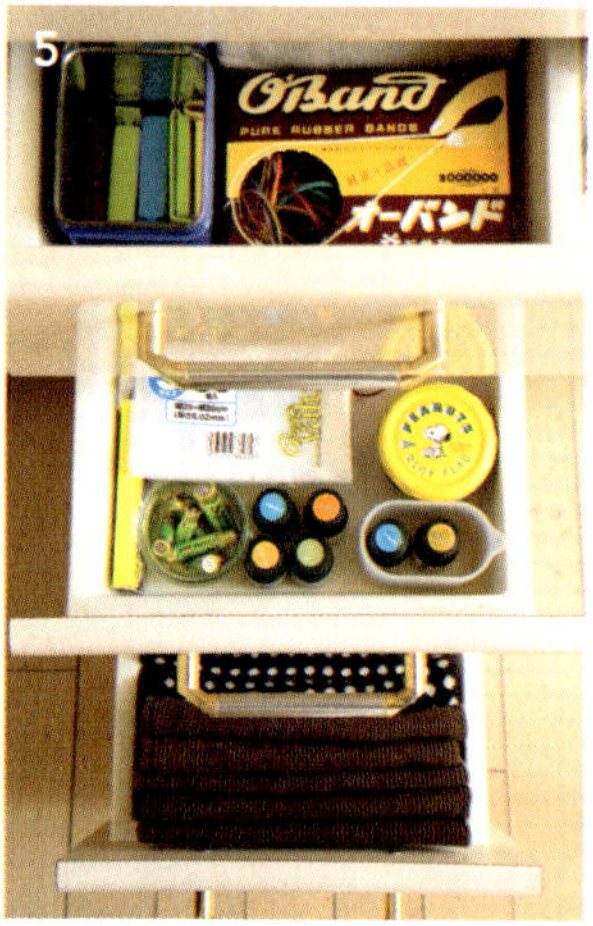

1キッチン側から開けたカウンター内部。よく使う一軍食器はこちら側に。**2**ダイニング側から開けた吊戸棚の中。使用頻度の低い来客用の器を。**3**流し上部の棚。左側一列はお菓子作りのための一式を収納。**4**流し下の引き戸内は、100円ショップで買った書類ケースを並べて、鍋を立てて収納。**5**引き出しは用途別に取り出しやすく。最下段はランチョンマット類をたたんで立てて収納。

勉強部屋

広くはない部屋なので、圧迫感を感じないように家具を白で統一しました。東急ハンズで購入した「フナモコ」の机を2台入れ、壁一面に同じメーカーの本棚を。クローゼットには家族全員の普段着の8割を収納しています。

子どもの寝室

長男が小学校に上がったのを機に、兄弟の寝室に。クローゼットにはスーツや制服、上着や私のワンピースなどハンガーものを収納。ベッドの足元側には「フナモコ」の本棚を。本だけはどうしても増えてしまいます。

家具の色味をそろえる

存在感のあるリビングテーブルは「アクタス」のもの。

探し続けていた理想のテレビ台は「イルムス」で発見。

ダイニングの掛け時計も、家具と同じ色味を選択。

「アクタス」のテーブルと「無印良品」の椅子、東急ハンズで購入した照明。別メーカーのものでも、色味が同じなら違和感はありません。

部屋の中で大きな存在感を占める家具は、色味をそろえるのが基本です。好みの色合いで家具をそろえることで統一された雰囲気が作れます。

わが家は床の色が明るいベージュだったので、家具も木の雰囲気が残るナチュラル色にしました。大きな家具のみならず、照明器具や掛け時計、小さな目覚まし時計に至るまで、選べるものはナチュラル色を選び、テイストをそろえています。

大きな面積を占めるといえばカーテンもそう。ところが模様のないものが意外と見つからない！　あちこち探してやっと買えました。

理想のものが見つかるまでは焦って買わない。何度も買い直しがきかない大きな買い物は、妥協しないことも大切です。

インテリアに動物を

玄関では「キーナー蝶」という木のモビールがお出迎え。

トイレの手洗いボウルには、タイのカエルがちょこんと。

CDラックの上には、奈良の民芸品「五色鹿」を並べて。

ダイニングには「真工芸」の木版手染めの鳥を飛ばして。

3人の子どもがいて、ただでさえにぎやかなわが家。さらに視界に物があふれた空間に居続けると、だんだんと疲れてくるため、すっきりさっぱりを心掛けたインテリアです。だからといって何もないのも、さびしい雰囲気になってしまいます。

というわけでわが家には、さまざまな場所に小さな動物を飾っています。この写真以外にも本棚にはオカリナのカメやカエルがいるし、別の棚には、鉄素材のウマやシカもいます。それらは日本の民芸品であったり、アジアのお土産であったり……、テイストはバラバラですが、共通しているのはちょっと大人っぽくかわいということ。それらがともすると殺風景になりがちな部屋の、楽しいアクセントになっている気がします。

何もない和室は、何でもできる場所になる

「何もないにもほどがあるね！　これから引っ越しでもするの!?」最後にひとつだけ残っていたカラーボックスを押し入れの中に片づけてしまったとき、夫が笑いながらそう言いました。確かに！　集会所やモデルルームにだって、もう少し家具があるというもの。

大きな地震があったあと、ベビー用品を収納していたカラーボックスですら、転倒したら怖いと感じ片づけてしまった私です。こうしてついに何もない和室が誕生しました。でもこれがとてもいい。赤ちゃんに触られて困るものはないから、ベビーゲージも必要なく、赤ちゃんはここで自由に遊ばせられて、私もストレスなく育児ができました。

そもそも昔の日本の茶の間って、こういうものだったのでは、と思い出しました。ちゃぶ台を出してごはんを食べ、食べ終えたらちゃぶ台は片づけてくつろぎ、夜はそこに布団を敷いて寝る。何もない和室は、なんでもできるマルチルームになり得るのです。

こんな風に使えます

右／リビングを広く使いたいときは、ソファを和室に移動させます。中／夜は布団を敷いて、小さい娘と川の字で寝ています。左／折り畳みのちゃぶ台と座布団を出して、こちらでお茶を飲むことも。

押入れの中にすべて収納するのがコツ

隣のリビングに物を置かないため、一間半ある和室の押入れに耳かきから布団まで生活用品をすべて収納。ここから物があふれ出したら、それは要不要を見極めるときです。

すっきりを保つルール

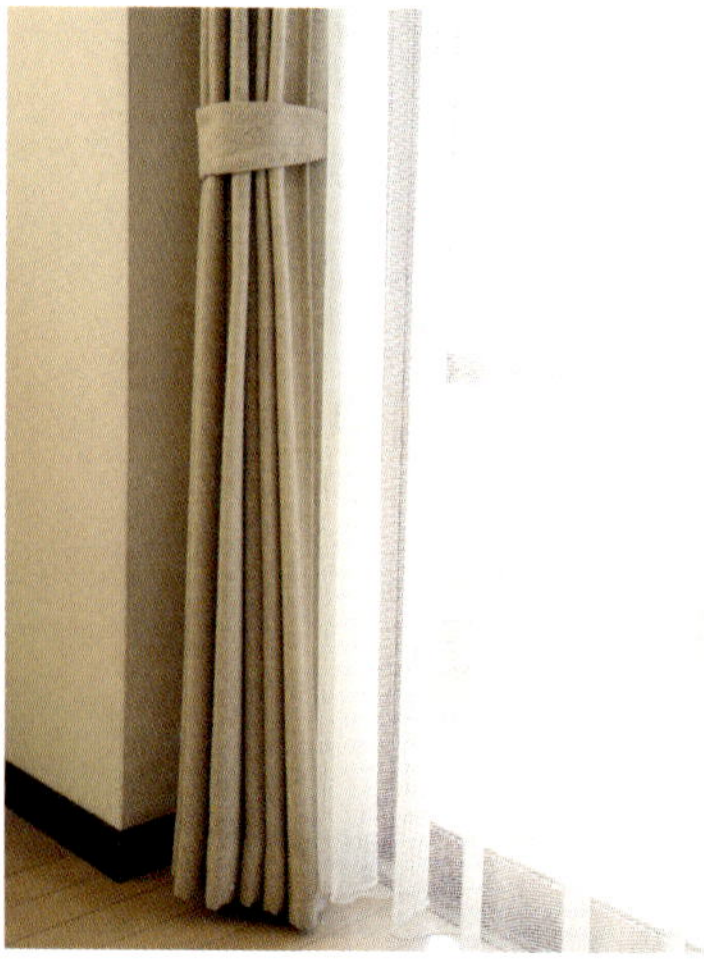

- **柄のない無地のものを探す**

探してみると世の中、柄のないものが少ない！　このカーテンも何カ月も歩き回って東急ハンズで発見しました。妥協せず、足を使ってシンプルなものを探すのが、すっきり暮らすコツのようです。

- **収納用品は買わない**

必要な物が多いキッチンでも食器棚は買わず、このワゴンだけ購入。「西友」のおしぼりタオルを多数スタンバイしておいて、食器やテーブル、食べこぼし、なんでもサッと拭いて、洗濯機へポイ。

- **物を常に循環させる**

サイズアウトした子どもの服は段ボール箱にまとめておき、甥っ子たちのもとへ。溜まりがちな新聞やプリント類も潔く捨てます。溜めて一気に整理するより、ちょこちょこやるのがポイント。

- **基本的には白を選ぶ**

キッチンで使う物は数も種類も多いから、選べるものは白を選んでごちゃごちゃした印象になるのを防止します。シーツや子どもの服もやっぱり白。漂白できて実は柄物よりも汚れ取りが楽なのです。

元の場所を決める

片づけの基本は、しまう場所を決めること、使ったら元の場所に戻すこと。家や自転車の鍵、印鑑は、電話台の上にあるカゴへ。よく使う爪切りも、薬箱ではなくこちらにしまうことにしました。

同じ用途のものは近くに

一緒に使うものは近くに置くのが鉄則なので、ゴミ箱の底に予備のゴミ袋をしまっておくことを思いつきました。収集日にゴミ袋を外したら、底にある予備のゴミ袋を即セットしておきます。

無印良品のカゴが大活躍

直方体のカゴは無駄のない形なので、多数所有しています。しまうときのルールは、ひとつのカゴにはひとつのテーマを決めること。勉強グッズもここに入れて、終わったら部屋に持ち帰らせます。

おもちゃは押入れにしまう

カラフルなものがあふれていると雑多な印象になるので、おもちゃも押入れの下段に収納しています。キャスター付きのボックスや大きなカゴを用意し、子どもでも簡単に片づけられるように。

子どもの作品保存はルールを決めて

写真を撮る

立体の作品はしばらく窓辺に飾り、写真に撮ってこっそり処分。運営しているブログに説明と一緒に公開することも。

飾る

学校や園から持ち帰ってきた絵は、しばらく壁に貼って飾ります。上手に描けた絵は、額に入れてあげることも。

ファイリングする

子どもひとりに1冊ずつクリアファイルを用意して、そこに平面作品は収納。大きな絵は作品ホルダーでも管理。

子どもの絵はそのときにしか描けない独自のかわいらしさがあります。すべてとっておきたいほどだけど、それは収納スペース的に難しいので、厳選してファイリングしたり、写真に撮ったりして保存しています。

子どもたちが幼稚園から持ち帰ってきた大きな作品ホルダーがひとり2冊ずつあるので、その中に大きな作品を保管。A4サイズまでの絵や平面作品は「無印良品」のA4ワイドサイズのクリアファイルに収めています。いずれにせよ、あふれたら取捨選択。そして作品ホルダーは勉強部屋の本棚に、数冊あるクリアファイルはひとつの段ボールにまとめ、押入れに収納しています。ルールがあれば子どもも親も納得して整理できるし、サッと取り出せます。

本を読んで心も整理する

おすすめの収納・掃除の本

片づけ本の先駆けとなった『「捨てる！」技術』（宝島社新書）や「断捨離」関連の本は外せません。『人生がときめく片づけの魔法』（サンマーク出版）、風水に基づいた李家幽竹さんのインテリアや掃除の本も参考になります。

「片づけなきゃ！」と心では思っても、何をどうすれば？　と途方に暮れてしまいます。思うに片づけや掃除には気合いだけではなく、技術も必要なのだと思います。

片づけは行きつくところ、心の問題のようです。思い出の品だから、いつか使うかもしれないから、そんな過去の思いや未来の心配で、今ここにある物たちに執着している限りは、うまくいきません。まずは片づけの本を読み、自分の心と対話してみる。そして物への執着やこだわりを手放してみる。そこから私もスタートさせました。

片づけの本は良いです。すぐに真似できそうなヒントもたくさん書かれているし、なにより片づけたい気持ちのテンションを上げてくれます。

草花を置くことで空間の〝気〟を良くする

植物はその場所やそこに住む人に生気を与えてくれます。部屋に草花を置くことで、悪い気は減らし、良い気で満たしてくれるようです。そんな植物、喧嘩ばかりしている部屋では枯れてしまうこともあるとか！部屋に緑があるとすがすがしい雰囲気も作ってくれるので、わが家のインテリアの名脇役です。

リビングにはハート型の葉がかわいいウンベラータを置いています。千円で購入した高さ30センチほどの観葉植物でしたが、3年間で大きく育ってくれました。

ドクダミやオオイヌノフグリなど、道端に咲いている小さな雑草も、小瓶に生けるとかわいいものです。それらはトイレやキッチンに飾っています。

和室には雰囲気が明るくなるポトスを。植物はぐんぐん伸びるその姿の通り、植物を育てることで、自分の運気も同じように成長させてくれるようです。

花は頑張っている自分へのご褒美の位置づけ。500円程の切り花セットを買ってきて、食卓に飾ります。暮らしのプチ贅沢。ワンコインの幸せです。

洗面所に置いているのはお手入れの簡単なテーブルヤシ。洗面台をきれいに磨いてからこの鉢を置くと、ホテルのような雰囲気になり気に入っています。

キッチンの流し横にも緑を並べています。これは水耕栽培のもの。土を使っていないので室内でも清潔です。調理中に目に入るとホッとします。

便利なものはよく考えてから手に入れたい

便利そうな製品が出ると「いいな」と思ったり、周りが持ち始めると「うちも」と焦ったり……。でも人というものは、一度得た便利はなかなか手放せないものです。そして物を得ることで、何かしらの代償も払うことになる気がします。物は壊れるからメンテナンスが必要になってくるし、それを置くスペースも確保しなければなりません。そして便利な機械に頼りすぎることで、人の能力は低下もするはず。そして携帯電話やパソコンなどは、ルールを決めて上手に使いこなさないと、トラブルに巻き込まれることもあるし、膨大な時間を浪費してしまうことにもなりえます。人の欲望にもきりがないから、次から次へと物を得ることでは、やっぱり幸せにもなれない気がするのです。

だから何か新しいものを手に入れる前には、他の物では代用できないのか？本当に我が家に必要なものなのか？とよく考えるようにしています。足るを知ること。あるもので工夫する暮らしも、なかなか良いと私は思っています。

温め直しは鍋で

電子レンジよりガス火での加熱のほうが栄養素が壊れにくいというし、おいしい気がするので温め直しは鍋でしています。

ガラケーで十分!?

パソコンはあるので、携帯機器ではメールと通話ができれば良し。実はガラケー自体、長男の小学校入学を機にデビューしました。

子ども用の器は買わない

一度プラスチックの器でごはんを食べてみたら、その味気無さに驚き、赤ちゃんが生まれたときも、子ども専用のプラスチックの食器は買いませんでした。どんな物も多用途に使えるかどうかを考えます。そして器は丁寧に扱わないと割れてしまうということを、幼い頃から教えるのも大切だと思っています。

わが家にないものリスト

□ 電子レンジ

煮物や汁物は鍋で、揚げ物はトースターで、冷やごはんは蒸し器で、それぞれ温め直せます。

□ 食洗機

アクリルたわしとお湯を使えば、大抵の物は洗剤なしでもきれいに洗えます。時間も速いです。

□ スマートフォン

グループ内の情報共有にも便利な LINE はパソコンでやっています。ネットもパソコンで。

□ 自家用車

出かけるときは公共交通機関を使います。駐車場代、ガソリン代、車検代等もなくなります。

□ 電動自転車

幼稚園の送迎は坂もあり大変ですが、送り迎えは足腰を鍛える運動の時間と思っています。

□ ビデオカメラ

子どもの行事は画面越しではなく、自分の目でしっかりと見て応援。そして心に記憶します。

掃除はちょこちょこやるのが一番

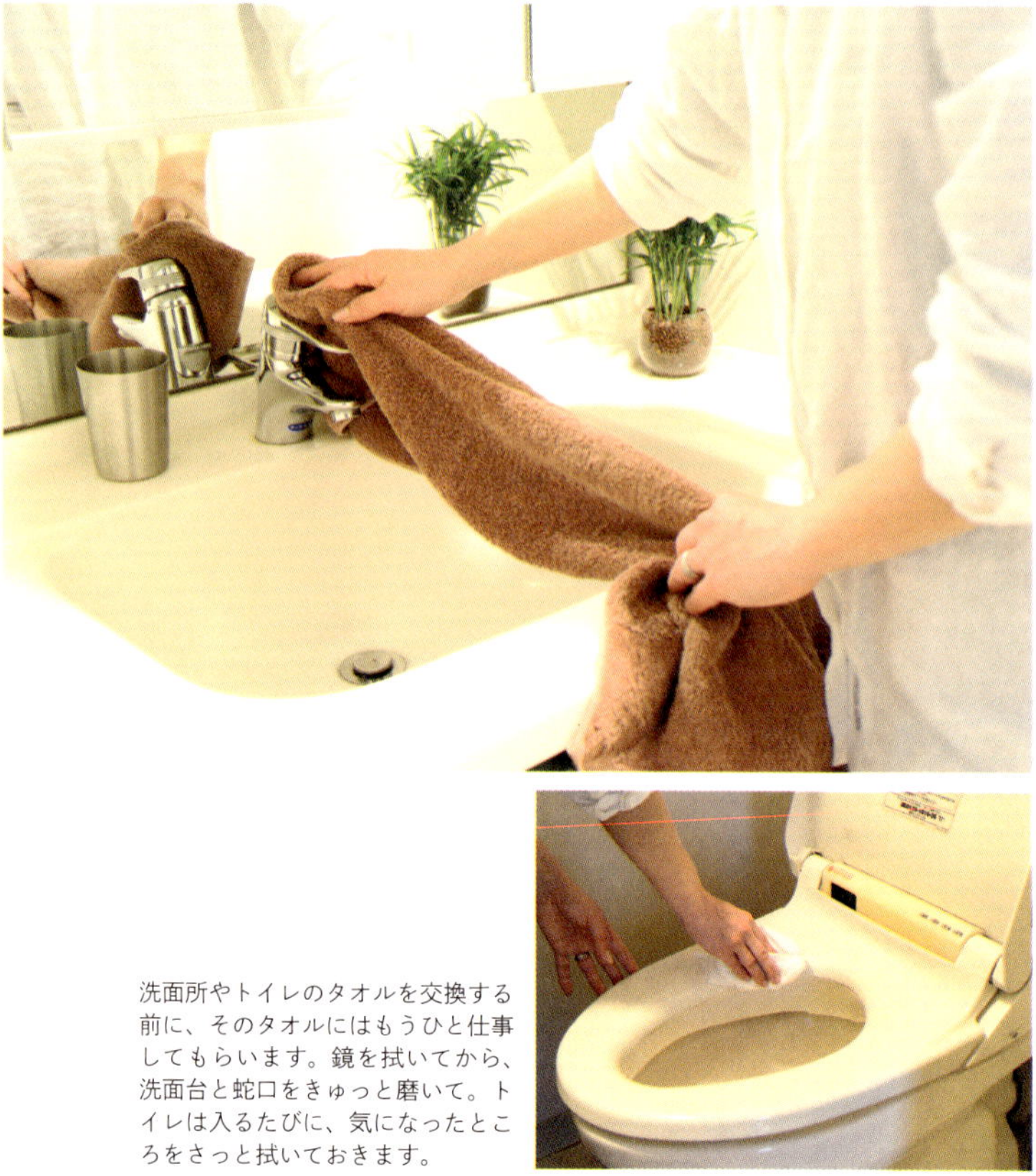

洗面所やトイレのタオルを交換する前に、そのタオルにはもうひと仕事してもらいます。鏡を拭いてから、洗面台と蛇口をきゅっと磨いて。トイレは入るたびに、気になったところをさっと拭いておきます。

お母さんの仕事は中断されるのがふつうです。小さな子がいるとそれは顕著で、まったく時間がかけられない。そこへきて私、掃除は苦手ときた。だからこそ、少しでも掃除しやすいように片づけているといっても過言ではないのです。掃除は嫌い。でも汚い部屋もいや。だったらどうすればきれいを保てるのか、それを工夫する毎日です。

そうして行き着いたのが、ちょこちょこ掃除。一日一カ所、もしくは何かのついでに、掃除を続けるように努力しています。トイレに入ったついでに、タオルを換えるついでに、トイレットペーパーで、換えるタオルで、ほんの1、2分掃除します。細切れでも続ければ、きれいは維持できるはずです。

曜日ごと掃除

最近始めた掃除法です。いつの間にか汚れる場所は、週に一度一カ所なら続けられるし、きれいもキープできそうです。

月曜日

週の始まりは、きれいな鏡に自分をうつして、にっこりと始めたいもの。月の明かりをイメージしながら、クローゼット前の鏡を磨きます。

火曜日

火のあるところ、つまりガスコンロを掃除します。週に1度、五徳を外して洗浄すれば、ギトギトベトベトの油汚れも、それほど溜まりません。

水曜日

水に関連するところ、キッチンのシンクをクレンザーで磨きます。洗面台のほうはクレンザーは使えませんが、メラミンフォームで磨きます。

木曜日

木製の家具周りを掃除する日です。テレビ台の棚のほこりや、テレビ本体のほこりも、専用のワイパーや雑巾でさっとはらっておきます。

金曜日

シャワーノズルや浄水器の取っ手など、金曜日はいつの間にかくもってしまう金物を乾いたタオルできゅっきゅっと磨いておきます。

土曜日

土があるところ＝ベランダを掃除します。とはいえ大がかりなものではなく、植物に水をあげるついでに、物干しざおや手すりを拭いておきます。

日曜日

お日様の光がたっぷり室内に入るように、窓ガラスを磨きます。熱めの湯で絞ったタオルで拭くだけでも、汚れはきれいに落ちるものです。

月

火

水

木

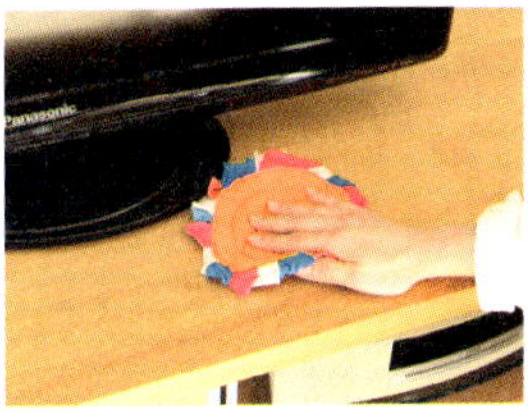

金

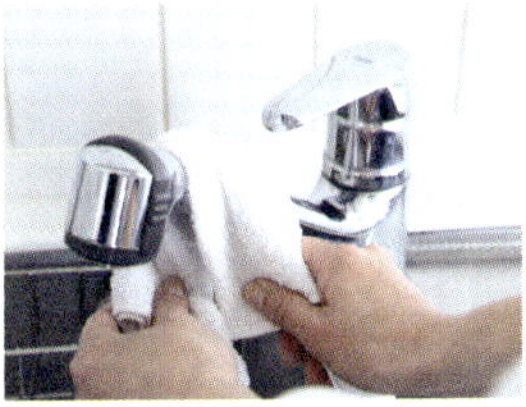

土

日

子どもを家事に巻き込む！

大掃除は夏休みに

水が冷たくなく物も乾きやすい夏は、大掃除に最適の季節です。ここはイベントのように盛り上げて、子どもを巻き込み大掃除。道具のありかや掃除の仕方を教えながら。

家の主婦はワンマン社長で、自分だけがわかるルールで、なんでもやってしまいがちです。子どもにやらせるほうが面倒だからなのですが、それでは子どもたちに生活力がつきません。

家は皆で使うものだから、子どもたちにも積極的に家事を担ってもらいます。少しずつ教え、やらせていく。でもこれって、私が寝込むような事態になっても、家族が困らないことにもなります。そうしながら最終的には、子どもたちへの完全業務委託を目論《もくろ》んでいるのです！

将来、家事も仕事も子育ても抱えたお嫁さんを、イラっとさせない男子を作る。これも息子を持つお母さんの大切な仕事なのかも！と思ったりしています。

洗濯は全自動システムで

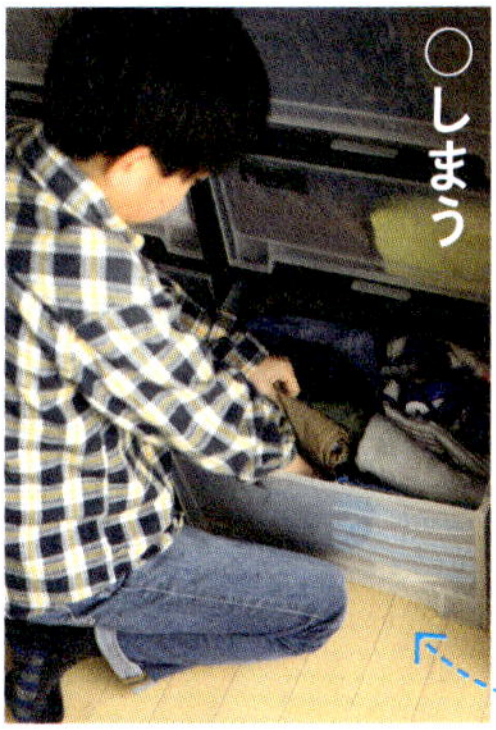

家族全員の手を使って、毎日の洗濯物が自動的に片づく仕組みです。アイテムごとのたたみ方やしまう場所を、ひとつひとつ根気よく教えながら毎日やらせることで、このシステムは完成します。

朝ごはんを作る私の隣で、全自動洗濯機に洗剤を入れ、そのスイッチを押すのは夫の役目です。こうしてできあがった洗濯物は、干すという行為が好きな私が干して、ここからは子どもたちの出番。学校から帰ってきた彼らが、洗濯物を取り込み、たたみ、所定の場所にしまってくれます。洗濯物を干しさえすれば、その前後は全自動というわけ。

たたみ方は物によって決まっています。Tシャツは引き出しの横2列に収まる長方形で自立できる形に。ズボンは4等分。靴下はくるくると丸めて。布巾も決まった形にたたんだら引き出しには重ねず、上からすべてのアイテムが見えるように、立てて収納しています。こうしておけば、探すのも出すのも簡単なのです。

第三章

からだを
ととのえること

お母さんが元気なら、とりあえず家の中は大丈夫！
もちろん家族だって、日々を元気に過ごせなければ、
いい仕事やいい学びはできないはずです。
根っこを健やかに保つには、普段の生活がやっぱり大事。
薬や病院やマッサージにエステ……、
人任せでその場は良くなったとしても、
生活が乱れていては、きっと本来の力は出てこない。
自分でも家族の健康を守れる。
そう思えたら、自分にもちょっと自信がつきます。
病院へ行くほどではない不調は、
家でもケアできるといいと思う。
家族皆が機嫌よく健《すこ》やかに過ごせる方法を、
いくつか持っているといいかもしれません。

思いと行動で、自分の性格さえ変えていける

お母さんは元気でなんぼ！　授乳に夜泣き、抱っこに公園遊びと、毎日の生活は体力勝負です。そしてお母さんの心が不安定になると、子どもも不安定になってしまいます。家族だって、元気でなんぼ！　ひとりでも体調を崩せば家はなんとなく暗くなるし、そもそも健やかな心と身体でいないと、自分の力は発揮できない。とにかく普段の生活とメンテナンスが大切だと思います。

元々は私の母が健康オタクです。びわの葉エキスや玄米酵素など、良さそうと思うものは実物も送ってくれます。それを私も自分や家族にせっせと試す毎日です。その中のひとつ、自然療法の大家である東城百合子さんの本、『家庭でできる自然療法』（あなたと健康社）や『食卓からの子育て』（池田書店）は、それこそ子どもが生まれてからは、バイブルのようにして読んでいました。「お母さんは今こそ台所に戻りましょう！」と主婦や母の仕事の大切さを説いてくる。症例別の対処法もていねいに教えてくれる本です。

とはいえ私自身はあまり心配性ではないのかもしれません。子ども

は砂場遊びでは砂を食べ、走り回ればケガだってする。でも元気な子どもなら多少ケガしてなんぼ。心配だからとリビングの床にカーペットやラグを敷いたりもしませんでした。熱を出しても、それは体が闘っている健康な証拠。子どもはそんなにやわじゃないと思っています。

よく「ポジティブだね」とも言われますが、私、根は暗いと思うのです。人と比べては羨んでいたし、無いものを数えてはため息をつき、手ごたえのない育児の日々には、無力感でいっぱいになっていました。でも目の前の子育てを降りるわけにはいかず、泣きたい子どもに「泣きたいのね」と付き合い、いつまでも目的地に着かない道中すら、「全然進まないね」と楽しむことにした。いい意味で諦めることを覚え、「大丈夫、大丈夫、うちはうち」そう言っているうちに、なんだか本当に大丈夫な気がしてきて、偽善と言われようと子どもや他人のために正しいと思えることをしていったら、それが私になっていった。

ある人がこんな言葉を教えてくれました。「思考はいつか言葉に、言葉はいつか行動に、行動はいつか習慣に、習慣はいつか性格に、そして性格はいつか運命になる」と。

考え方を変えることで、心も変わっていく。体を整えることで、心も整っていく。人はいくつになっても、変わろうと思い行動していけば、変わっていけるのだと思います。

冷えは万病のもと。体を冷やさないように

体温が1度下がると、免疫力は3割も減少するそうです。だから平熱はなるべく高く保ちたいもの。そのために半身浴や靴下を重ねて履く冷え取りをしたり、夏でも温かい飲み物を飲んだり、腹巻をしたりと、色々試しています。

子どもは日中に体を冷やすと、その晩に熱を出したりします。それは冷えた体が自身を温めようと発熱していることだから、実は元気な証拠でもあるのですが、熱があるのに足が冷えているようなときは、バケツに湯を張り、さし湯をしながら足湯をさせます。ちょっと冷えたかな?というときにも、親子で順番に足湯です。子どもなら5分くらい、大人なら全身がなんとなく温まるまでつかったら、よく拭いておしまい。たいていこれで初期の発熱程度なら治ってしまいます。

バケツ1杯のお湯で家族の健康を守れる。そんな自信が、医者や薬に頼りすぎず、自身の免疫力を信じて健康に暮らせる秘訣にもなっている気がします。

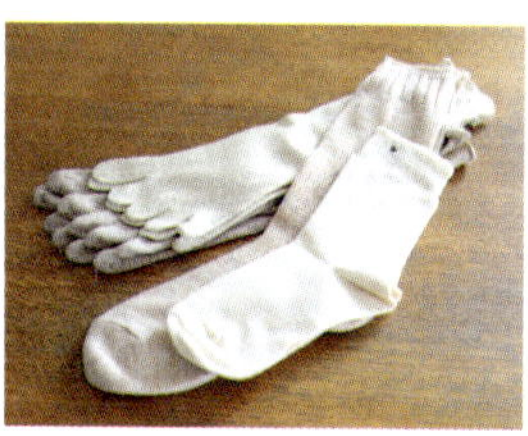

冷えとり靴下

絹の五本指→綿の五本指→絹→綿と重ねて履くことで冷えを取るとともに、体の毒出しもできる靴下。

腹巻き

見えても安心の黒は「無印良品」、かわいい柄は「ほぼ日」のもの。内臓を冷やさないことが大切。

ゆたんぽ

冬の間はゆたんぽを作り、それを布団に入れておくと朝まで暖か。夜間の暖房は必要ありません。

肌に触れるものは、できるだけナチュラルなものを

(左)クナイプ グーテエアホールング バスソルト ウィンターグリーン&ワコルダーの香り500g ¥1,480(+税)／クナイプジャパン (中)レスキュークリーム 30g¥2,200(+税)／プルナマインターナショナル (右)アルニカ マッサージオイル 50ml¥1,600(+税)／ヴェレダ・ジャパン

赤ちゃんが身に着けるものには気を遣う人が多いと思いますが、大きくなった子どもや大人は大丈夫なのかなと疑問に思っていました。そんなとき「皮膚を通して入る毒（経皮毒）は、代謝されず蓄積されていつか不調を引き起こす原因になるから、口から入る毒（経口毒）よりもよっぽど怖い」と聞き、たとえ今はなんでもなくても、肌に触れるものに少しだけ気を付けるようになりました。

「クナイプ」のバスソルトは岩塩と天然ハーブの精油を使った入浴剤。レスキュークリームは、肌荒れや虫刺されなど肌トラブル全般に使える万能薬。「ヴェレダ」のオイルは肩こりや腰痛、血行促進にも効くもの。妊婦さんも使えるものというのがアイテム選びのひとつの基準です。

手作りのくすり

《緑茶ユーカリスプレー》

●作り方

1　熱湯を注いで濃いめに淹れた緑茶を200cc 用意する（参考…茶葉 6g、熱湯200cc）。

2　冷ましてから、防腐剤としてエタノール（薬局などに売っている消毒用のもの）を小さじ１入れる。

3　ユーカリのエッセンシャルオイルを数滴たらして完成。

緑茶のカテキンを利用した紫外線防止と、蚊よけを兼ねた、１本で二役のローションです。さらっとした使い心地で洗い流す手間もいらないため、子どもにも気軽に使えます。肌の弱い子を持つ友達にもおすすめしてみたら、蚊よけ効果もばっちりだった、とお墨付きをいただきました。冷蔵庫で二週間ほどもちますが、香りが抜けてくるので一週間くらいで使いきるのがいいと思います。紫外線防止効果は３時間ほどなので、こまめに塗ってください。

《びわの葉エキス》

●作り方

1　緑の濃い肉厚のびわの葉を採り、よく洗ったら、水気をふいて少し乾かしてから、ハサミでざく切りにする。

2　梅酒などに使う瓶に葉を詰め、葉が隠れる程度にホワイトリカーを注ぎ、密封する。

3　夏なら３カ月、冬なら４カ月ほど置き、葉の色が茶色になったら、葉を取り出して完成。

胃の調子が悪いとき、疲れたとき、病後などは水やお茶で５倍ほどに薄めて飲む。のどが痛いとき、口内炎や歯肉炎のときはそれでうがいをする。湿疹、虫刺されやかゆみ、火傷《やけど》のときは塗る（化粧水代わりにもなります）。捻挫や突き指のときは、２倍ほどに薄めて湿布する。とにかくあると便利な万能エキスです。作ったものは常温で、半永久的に保存できます。びわの生葉の代わりに、びわ茶の葉でも同じようにつくれるようです。

※小さなお子さんや肌の弱い方が初めて使用する場合は、腕の内側でスキンテストを行ってから使用すると安心です。

エッセンシャルオイルで殺菌を

3人目の子を出産し退院するタイミングで、なんと次男がインフルエンザに……。とりあえずできることはしようと思い、病室から夫に、「無印良品」のアロマディフューザーとエッセンシャルオイルを用意しておいてほしいと伝えました。

殺菌・殺ウイルス効果が高いと言われるティートリーとユーカリのオイル。それを終始部屋に焚いていたおかげか、その後次男のインフルエンザは家族の誰にもうつらず、元気に産後を過ごせました。

このユーカリのオイル、部屋の空気を浄化してくれるだけでなく、気持ちの乱れも整えてくれて、さらに集中力を高めてくれるといわれています。風邪予防になる上、頭もすっきりさせてくれるとは、この時期の受験生にも最適なオイルです。

その後ラベンダーのオイルも購入。これは神経を落ち着かせてくれるもので、イライラしがちなお母さんには最適なものかも!? 質の良い睡眠ももたらしてくれます。

毎年冬になると色々な病気が流行ります。気休めであろうと予防にエッセンシャルオイル、いいかもしれません。おすすめです。

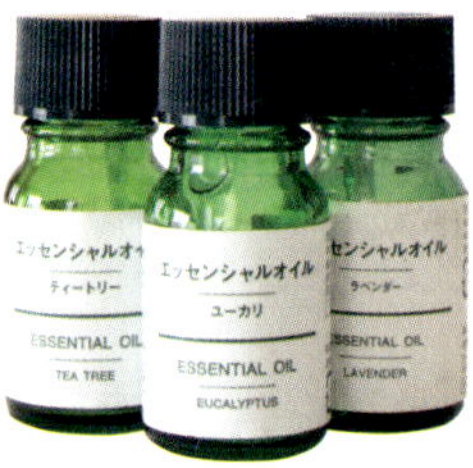

気分や目的に合わせて
エッセンシャルオイル選び

いい香りと感じたものは、今の自分に必要な作用を持つとも言われています。エッセンシャルオイル(左から) ティートリー、ユーカリ、ラベンダー各 10ml¥875(+税)〜/無印良品 池袋西武

エッセンシャルオイル
ESSENTIAL OIL
LAVENDER
ESSENTIAL OIL

いろいろ健康ネタ

● 夏でも温かい飲み物を

エアコンや冷たい食べ物などで、意外と冬場よりも夏の冷えのほうが深刻らしい。内臓は冷えると機能が低下するので、夏でも温かい飲み物を飲んで、身体を冷やさないようにしています。

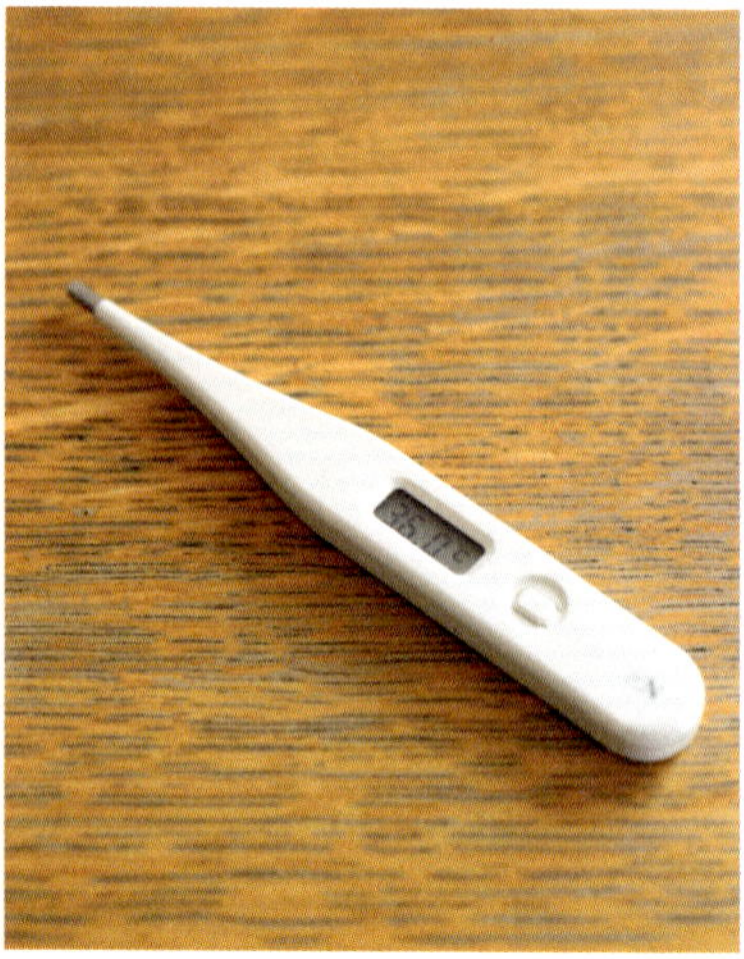

● かぜは引き終わりが肝心

上がった熱は下がり始めた後、一度平熱より下回る時期があります。それが体力・抵抗力ともに最も弱っているときなので、しっかり養生しておくことが大切。熱を出すのは一種のデトックスです。

● 洗濯せっけんのすすめ

次男は肌が弱かったこともあり、皮膚科の先生のすすめで「ミヨシのせっけん　そよ風」を使うように。合成洗剤のように余分な油分まで洗浄しないので、柔軟剤も必要ありません。

● おうちヨガでリフレッシュ

肩こりやだるさを感じたら、DVD をつけてヨガをします。太陽礼拝やいくつかのポーズを行っていると、呼吸が深くなり、じんわりと汗もかいて、明らかに身体がすっきりとしてきます。

● 主食は自然耕の五分づき米を

たくさんの生き物が住む元気な自然環境で、耕さずに育てられた稲から採れたお米です。ミネラルたっぷりのエネルギーの高いお米を毎日いただくことで、元気な身体を保てている気がします。

● 一家にひとつ！　梅肉エキス

腹痛といえばこれを湯で薄めて飲みます。整腸作用や殺菌作用のみならず、血液を浄化してくれる効果もあるので疲労回復にも効き、つわりにもいいようです。これを飲むと元気に動けます。

● ノンカフェインのタンポポコーヒー

ミネラルたっぷりのたんぽぽの根を焙煎したお茶。身体を芯から温め母乳の出を促してくれたり、お通じもよくなるので、お母さんのためのお茶かも。「たんぽぽ堂」のものがとてもおいしい！

● 色々使えるキパワーソルト

天然塩を高温焼成したもので還元力が高いから、農薬を洗い流せたり、夏バテ予防に水で薄めたものを飲んでもいい。塩うがいは口内炎にも効きます。もちろん料理に使ってもおいしいです。

お母さんの手は魔法の手

「痛いの痛いの飛んでいけ！」そう言いながらさすってあげるだけで、ちょっとぶつけたくらいの痛さなど飛んでいってしまいます。同じように、頭やお腹が痛いなどと言って来た子にも、じっと気を送り込むようにして、「お母さん、実は医療忍術が使えるの」とかなんとか言ってしばらく手を当てていると、本当に治ってしまうこともあります。手当《てあて》の効果は絶大です。触れられているということ自体が、大事にされているということだから、その思いを敏感に感じ取って気が済んだら、ちょっとした不調は消えてしまうのかもしれません。このとき、母親の直感だけは研ぎ澄ましておきます。これはいつもは違っておかしい、そう思ったら迷わず医療機関にかかります。でもこの程度なら大丈夫と、そう思えたら家で様子を見てあげたほうが、子どもの消耗はきっと少ないと思う。

そもそも子どもは、よく熱や鼻水を出すもの。それは防御反応だったり、バランスを崩した身体を整えるためのものだから、むしろ元気な証拠です。だから薬で反応をむやみに止めたりせず、きちんと全うさせることが大切なようです。そんなとき親は、慌てずいつも通りに接します。親の不安な気持ちは子どもにも伝わって、不調を長引かせることにもなり得るから。

大切なのは、何かあったときにさっと動いて手当すること。そうやって人から気にかけられて育った子はいつか、人に対しても同じように行動できる、例えば元気がない友だちに「大丈夫？」と声をかけ寄り添える人になるのではないかと、そうも思うのです。

母の健康も大切

**ミルククリーマーで
カフェ風ラテ**

スイッチひとつでミルクをふわふわに泡立てられ、カフェ気分に。クリーマー・ゼット CZ-1 ¥1500(+税)/HARIO

毎日の生活に疲れてしまったとき、「二軍で調整に入りたい」と半分本気で家族に訴えたら、「控えがいない」と即却下されてしまいました。それならと、一日のお母さん業務は、夜9時半に終了することにしました。だから提出物があるのなら、宿題を見てほしいのなら、仕上げ磨きをしてほしいのなら、その前にくること。9時半になったらお母さん窓口は閉めてしまいます。

そこからは夜のくつろぎタイムです。お母さんから私に戻って、夫が入れてくれたコーヒーを飲みながら、他愛もない話をしたり、ニュースを見たり。

主婦や母の仕事には区切りがないから、自分で「ここまで」と決めてしまうのも必要なのかもしれません。

まずは自分の身支度を

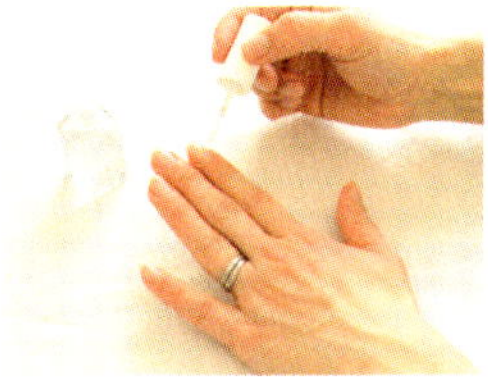

**透明ネイルで
いつもきれいな手を**

韓国コスメ「ミシャ」や、「セリア」を愛用。普段使いに嬉しい300円以下！　透明なら気にならないし爪の保護にもなります。

平日は起床と同時にごはんを作って食べ、その後お弁当を作りながらお茶碗を洗い、小さな子は着替えを手伝って、洗濯物や布団も干したいし、集団登校の当番も時にはあるし、ゴミ出し、そして幼稚園に送る時間も迫ってきて……。それなのに私、まだパジャマ！焦る！焦る！

そんな朝こそ、まず何をおいても自分の身支度を整えてしまうのが吉です。顔を洗って軽く化粧をし、髪も整え、着替えを済ませてしまいます。家事はそれから。用事はそれから。自分がいつでも出かけられる状態でいると、それだけで気持ちに余裕ができるのが不思議です。やっていることは同じなのに順番を変えるだけで、慌ただしい朝もにこやかにいられそうです。

第四章

そだてること

子どもは今を生きる人だから、
親もまだ起こってもいない未来を心配しすぎず、
過ぎてしまった過去も後悔しない。
「いま」「ここ」にいる子どもと、
とことん向き合っていきたい。
そのときそのときを心残さず誠実にやっていけば、
結果がどうあれ納得できる。
子どもは親の、言ったことではなく、
やっていることを見て成長していきます。
今蒔いた種がいつ芽を出すのか、
いつ花を咲かせるのかはわからないけれど、
今、子どもたちと過ごす日々の積み重ねの先にしか、
私たちが進める未来もないのだと思います。

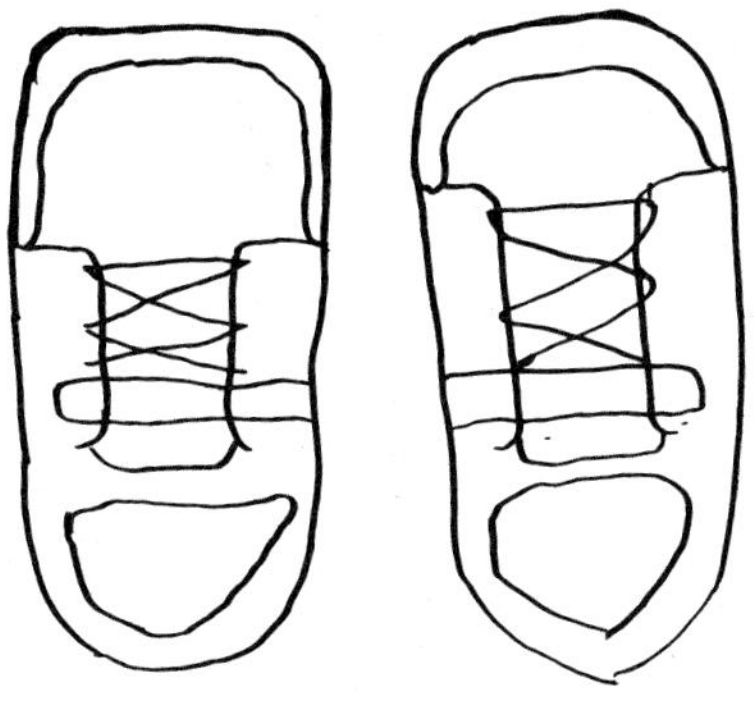

布団とごはんを用意して親は成長を見守るだけ

小さな子どもにとっては、「くう・ねる・あそぶ」が一番大事だと思っています。毎日食べて、しっかり寝て、たくさん遊ぶこと。日々繰り返してきた中で育った、丈夫な体と安定した心さえあれば、彼らは彼らの元からの力で、いくらでも成長していけると感じるのです。

子どもと一緒にいると必ず通るのが、「これなに?」期と「なんで?どうして?」期。いちいち聞かれてうんざりもしましたが、それって世界を知りたい気持ちが、言葉になったものだと気づきました。そして彼らは背だって中身だって成長したい気持ちであふれています。自分よりちょっと大きい子たちが大好きで、自分もあんなことができるようになりたいと、ちょっと頑張っていたりもするのです。子どもはその存在自体が、成長したい生き物なのだと思う。

だから、家族の仲がよくて、家に帰れば温かい布団とごはんがある。そんな絶対的な安心感さえあれば、勝手に育っていける。そんな毎日を用意できるだけで、子育ては半分以上オーケーだと思うのです。学生の頃生物学を学んでいたときに、生物は防御と成長は一緒にはできない、と習いました。人も同じなのだと思います。だから、防御の部分は親が担うから、あとは思う存分成長してねと、手放すような気持ちです。

子どもと過ごす毎日は、楽しい反面、同じことの繰り返しで、不毛に思ってしまうことさえあったけれど、そんな毎日の積み重ねが人を作っていきます。赤ちゃん時代は、その欲求にひたすら応えることが母の仕事でした。それがだんだんと社会全体にも目を向ける必要が出てきて、周りも健全でないと、自分の子たちも幸せにはなれないと気づいた。子どもとの生活では色々なことが起こります。そうやって目の前に次から次へと起こることに、私たちはまじめに向き合っていくしかありません。子は親を見ているし、今この一瞬一瞬を誠実に生きることしかないのだと、そう思っています。

長らく教育の現場にいる方がこう言いました。「育児より大切な仕事があったら教えて欲しい」と。それを聞いたとき、子どもと過ごす日々の大切さを、改めて心に刻みました。そもそも子どもを授かり無事に出産すること自体が奇跡のようなもの。私自身流産を経験し、身近に死産を経験した身内もいるからこそ、生まれてきてくれてありがとう、元気でいてくれてありがとうということは、いつも心の隅に思い続けています。

ひぐま家の子育てのルール

大まかなルールを持っていると、こちらもぶれません。また子どもには毎日同じことをさせることで、彼らの心も安定してくる。ルーティーンの力は侮れません。小さな頃からの習慣は今も続いています。

1

人と比べない

人と比べている間は幸せにはなれない、とはよく言われることですが、子どもに関してもそれは同じ。乳幼児期の成長の早い遅いなど大したことではないし、子どもにだって得手不得手はあります。

他人の子だけではなくきょうだい間も、比べたりはしません。そもそも子どもの性格や成長スピードは違うのだから、焦る必要などなく、その子のペースと個性を認めて、その時々を楽しく過ごすほうが親子ともども平和です。

そして、比べるとしたら「その子」の過去と比べて、できるようになったことを喜べばいいのです。

2

不足から学ばせる

欲しがる物は与えてしまったほうが親も楽ですが、理由を伝え我慢させることで、子どもは工夫するようになります。10歳までゲーム機を与えなかったことで、紙と鉛筆さえあればどこでも何時間でも楽しめる子になりました！

3

成長のタイミングを逃さない

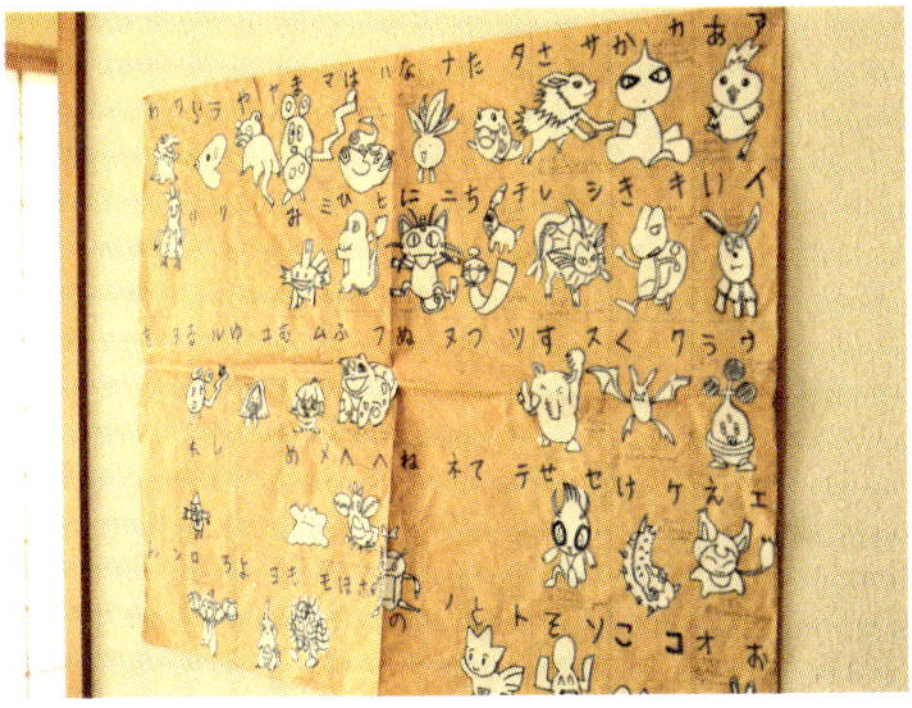

興味を持ったときが習得するときです。それまでは焦らず、与えず、教えません。子どもを観察して「今だ」というときがきたら、徹底して付き合います。子どもは突然できるようになるものです。待つこともきっと親の仕事です。

ひとりの子との時間を持つ

3人子どもがいてお母さんは私ひとり。そうなると子どもにかけられる手間ひまは、ざっくり言えば3分の1ずつになってしまいます。なのでここは密度でいこうという作戦です。

普段は同時進行で、子どもたちの話を聞いたり、面倒を見たりしていますが、そうではなく一対一で向き合える時間を作ります。開校記念日や行事の代休といった休日は、お母さんとの格好の「デート」日和！　私とふたりで出かけておいしいごはんを食べたり、一緒に何かをしたりします。そして「ほかのきょうだいには内緒ね！」と言って、お菓子や小さな文房具をこっそり買ってあげたりもします。

人は自分に注目し、話をしっかり聞いてもらえると満足するようです。その後はきょうだいげんかも少なくなり、平和な毎日に。こうして大事にされたと感じ、気持ちにも余裕ができた子は、また自分の世界で頑張っていける。お母さんとのふたりの時間には、そんな効果もあるようです。

手を動かすのが大好きな次男とは、ふたりでじっくり手作りの時間を過ごします。ミシンも手縫いも教えてあげたら、あっという間に上手になりました。

残念ながら女の子とのデート話はまだないようで、「お母さんデート」についてくる長男です。中学生になっても、おいしいものには釣られて来ます。

まだまだ外遊びが好きな娘とは、自転車に乗って大きな公園までお出かけ。葉っぱや木の実を拾ってたっぷり遊んだ日は、心も満足するのか夜もぐっすり。

子どもの課題や計画を〝見える化〟させる方法

わが家の長男も、定期テストというものがある年頃になりました。「計画的に勉強しなさい」と言うのは簡単だけれど、計画するという行為も、はじめはきちんと教えてあげるべきなのだと思います。

夏休みなどの宿題も、チェック表を作ると良いです。内容を書き出し、ドリルなら1ページを1マスにして細かく枠を作り、終わったらシールを貼らせます。そうすると子どもも、シール貼りたさにせっせと課題に取り組みます。さらに休み終わり近くになって、「あれはやったの？」と私がガミガミ言わなくても済む。これを見れば一目瞭然だから。

ここでも〝見える化〟の効果はてきめん。計画表や宿題チェック表、作ってみることをおすすめします。

・計画の5ヵ条・

1. やることを書き出す

テスト勉強ならまず出題範囲を把握し、それに関連するノートや問題集の範囲も調べ、しるしをつけておきます。教科ごとに、問題集の項目や提出物を、箇条書きで書き出しておきます。

2. 優先順位を付ける

1で書き出した項目に関して、ABCランクでしるしをつけていきます。色付きのペンを使って見やすく。提出物がある場合は、それが最優先のAランクです。余力があればやるものにはCランクを。

3. 掛かる時間を計算する

1で書き出した項目に関して、かかる時間のだいたいの目安をつけていきます。1時間、0.5時間などと項目の横に時間を書いていきます。

4. 持ち時間を計算する

習い事や部活などを考慮しながら、帰宅後から就寝時間までに毎日どのくらい勉強する時間があるか計算して、計画表に書き出していきます。意外と時間は無い、ということに焦ることも大切！

5. 項目と時間を割り振る

やるべき項目をAランクのものから優先的に、日々に割り振っていきます。こんな感じで計画表を埋め、実際にやって計画と違ったところは赤で訂正していきます。あとはやりながら微調整します。

お祝いごはん

お祝いごはんは「母ちゃんに作ってほしい」などと子どもたちは言ってくるので、そう願ってくれる間は、しっかり作ってあげようと思っています。家族が自分を見守り、応援していることを感じられるように。

誕生日以外にも、行事で活躍できた日などにもお祝いをします。食べ物ほどダイレクトにつながる手段はないように感じます。心をこめて作った料理を家族が喜んで食べる。それを見て作った人も嬉しい。人の心を結ぶのは、言葉よりも時に食べ物の力なのかもしれません。

子どもは心の人。彼らは物だけではなく、その奥にある愛も食べているような気がします。だから愛情は、与えても与えても、与えすぎることなんてないのです、きっと。

ひぐま家のお祝いごはんアルバム

絶対的な愛情をもらっているのはむしろ私。
お祝いごはんは、子どもへのお返しなのです。

子どもとの言葉のやりとり

お弁当や課題にも言葉を添える

取り組ませた要約の課題には、良いところを褒め感想を添えて。留守番を頼むメモには、今日もおつかれさま！ と子どもなりの日々も労《ねぎら》います。

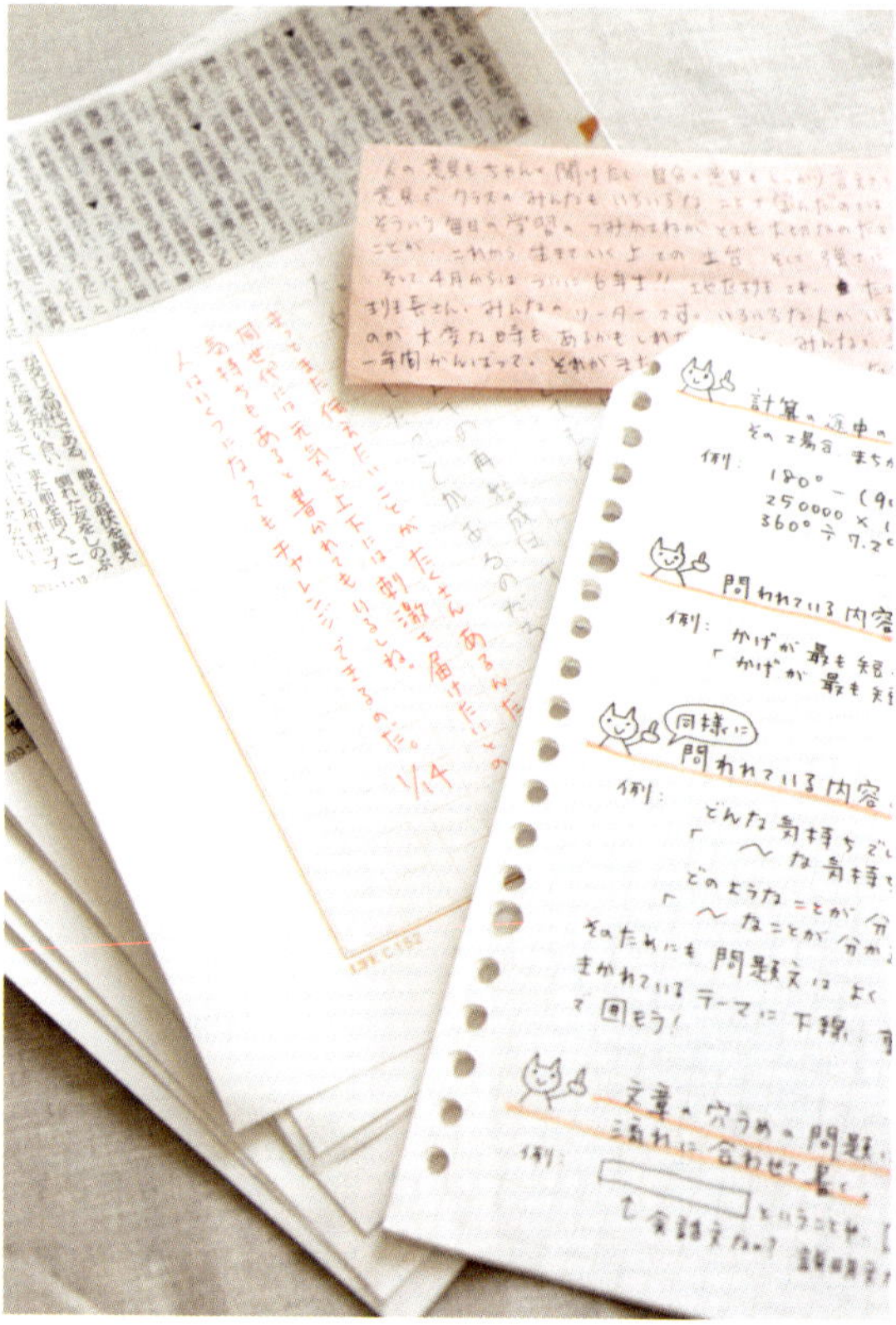

学校では、10歳になる年に〝2分の1成人式〟というのが行われます。親も子どもへ手紙を書かされるのですが、それを読んだ子たちの「自分のことをこんなに大切に思ってくれているとは思わなかった」という感想が多いことに、親たちは愕然としたものです。思っていることは言葉にもする。伝えることに手間を惜しんではいけないのだと感じました。

でも息子たちは難しい年頃にも入り、指摘や提案を面と向かって言うと機嫌を損ねてしまうときもあります。その兆候が見られたら、もう口では言いません。勉強を教えるときも、なぜか親子だとイライラしてしまうものなので、それもメモやちょっとした手紙に書いて机に置いておき、冷静に伝えるようにしています。

子どもの空想に付き合う

1

2

3

子どもの世界を一緒に楽しむ

1 次男が妖精に宛てて書いた手紙の数々。森の妖精や花の妖精など、手紙を書く相手は色々。お返事を楽しみに書いていました。
2 私が妖精になり切って書いたお返事の数々。次男が病気のときには、絵本の登場人物である「へびのかんごふさん」を登場させたことも。
3 すごいね、えらい、頑張ったねと、お手紙ではたくさん褒めます。目には見えなくてもいつも応援しているよ、と励ますような気持ちで。

次男は何がきっかけだったのか、サンタクロースと同じように妖精の存在も信じていました。今日あったことを報告したり、ときにはお願いもしたり……、ことあるごとに手紙を書いては枕元に置いて寝るので、私も妖精になりきって、お返事を書き続けました。私のほうも楽しんでいたのかもしれません。

メルヘンの世界に住んでいるような子には、テレビやネットやゲームなどの刺激の強いものはできるだけ与えず、代わりに想像力を養うような、空想の世界をたっぷりと味わわせるのがいいのではないかと思います。そうやって思う存分、空想の世界を楽しみ、その中で冒険してきた子には、その後豊かな感性が贈られるような気がします。

言葉で守る

日本には古くから「言霊《ことだま》信仰」というものがあります。言葉には力があって、口に出した言葉は必ず実現するというものです。

私自身、言葉の力を信じています。「気を付けてね」と声をかけて送り出すことで、その言葉が人を守ってくれる、と。だから家族を送り出すときには、私もそう声を掛けます。

小さな子どもには毎晩お祈りをしています。無事に過ごせた今日に感謝するとともに、無事に過ごせるであろう明日にも先に感謝してしまうのです。「今日も楽しく過ごせました。明日も元気に過ごせます。ありがとうございます」と、毎晩子どもの額に手を当て、そう言葉をかけています。それを素直に受け取った子は、明日も元気に過ごせるのです。

思いで守る

「乳児は肌を離すな、幼児は手を離すな、少年は目を離すな、青年は心を離すな」そんな言葉があります。子どもが小さな頃はどこへ行くのも親子一緒でしたが、学校に上がる頃から、子どもには子どもの世界と時間ができるようになります。つまりそれは、100%親が見守ることはできない、ということでもあります。

幼稚園や中学校の制服には週末ごとに、「いつも見守ってくれてありがとう、また来週もよろしく」と心で思いながらアイロンを当てています。彼らが身に着ける物のしわがきれいに伸びていくに従って、そういう母の思いも服に宿っていく。それがバリアとなって、危険なことや嫌なことから子どもたちを守ってくれると、私にはそう思えるのです。

本好きな子にするためには、親がまず本を読む

子どもは楽しそうなことを真似します。親が夢中になって本を読んでいたら、私も！と思うはず。

小さな頃はよく読み聞かせもしていました。その間は質問しないし、感想も聞かないようにします。きっと子どもは本の中で冒険しているから、その邪魔はしたくなくて。本はさまざまな考えや世界があることを教え、世界を広げてくれると思う。

とある塾の先生は、本を日常的に読む子は勉強をやり始めたら１００％できるようになる、と断言していました。ひとりで理解を進めていくというプロセスが、読書と勉強は同じ性質のものなのだろうと。

「本を読みなさい」と言うかわりに、まずは親が本を読む。家の環境がきっと大切です。

図書館をフル活用

子どもたちが赤ちゃんのときは、毎週読み聞かせの会に通っていました。文芸も絵本も実用書も、気になった本は即ネットで予約して借ります。その後、本当に手元に置いておきたい本だけ購入しています。

新聞で活字に親しませる

新聞はずっと購読しています。あらゆる情報が書かれている新聞は知識の宝庫！　ネットでは自分が知りたい情報しか入ってきません。親も社会に関心を持ち新聞を読む。テレビを消すだけでも時間はできます。

自分の居場所は自分で作らせる

無気力に家にこもっている子どもたちは、皆こう言うそうです。「自分には居場所がない」と。でもこれは残酷なようだけれど当たり前のことで、人の役に立つことをし、感謝をされて初めて、自分の居場所ができるのだと思う。そして本当に役立つかどうかは、相手が決めること。そのためには相手にも関心を持ち、配慮することも大切になるのでしょう。

子どもたちはこれから自立して、社会に出なくてはいけません。それは親の保護がなくなるということ。きちんと挨拶ができ、社会のルールを守れて、人の役に立つことができるか、つまり働くことができるかがきっと大切になります。

その予行練習は家でできます。お手伝いがそれです。お手伝いすることで、家族の一員として役割を果たしているという気持ちを持てたら、自信や自尊心も芽生えていくはず。とはいえお手伝い、手間や速さやクオリティを考えると、親が自分でやってしまったほうが圧倒的に楽なもの。でもやらせない限り、彼らはいつまでもできません。今の面倒を取り後に楽をする。そのほうが得策です。

そしてごはんがあるのは誰かが作ってくれるから、きれいな家も誰かが整えているから。それを自分も担って大変さを理解することで、人にも感謝できるようになります。そうやって子どもにも家庭での役割を担わせ、自分の居場所くらい自分で作らせる。自分はここにいてもいいのだという自信は、ただおとなしくいい子で待っていても得られるものではありません。子どもを生活的に自立させ、どこでもやっていける力をつけさせるのも、きっとお母さんの仕事です。

子どものお手伝いリスト

● お風呂掃除

お風呂の浴槽の掃除は2日に1回。長男と次男に交替でやってもらいます。普段はアクリルたわしを使って、お湯を流しながら掃除。毎回洗剤を使わなくてもきれいになります。

● 洗濯物

前述のとおり、すべての洗濯物を取り込み、たたんで、収納するまでがお手伝い。子どもたちには収納カウンセラー近藤麻理恵さんの〝ときめき収納術〟も伝授。実践しながら覚えさせました。

● お皿拭き

4歳の娘には洗ったお皿を拭いてもらいます。ワゴンから布巾を取って1枚1枚ていねいに。最近はしまう場所もだいぶ把握してきました。お手伝い表を作り、できたらシールを貼らせています。

● 料理の手伝い

料理が好きな子には包丁や火などの危険なものも積極的に使わせます。お米とぎ、具材を切って炒める、味噌汁作りなどをお願いします。今後は献立の立て方や後始末まで教えていきたい。

子どもと一緒に歩く

動物園にテーマパーク、旅行に行くだけがイベントではありません。

街を歩く、普段は電車に乗る道を歩いてみる、ただそれだけも色々な発見があるイベントになります。そして歩いている間は、親子でたくさんの話もできる。途中でごはんやおやつも食べながら、地元東京を再発見するような街歩きを、わが家ではよく楽しんでいます。

子どもの体力が低下していると言われていますが、体力をつけるにも歩くのが一番！　歩くことで脳も発達するというし、歩くことは前を向いて歩を進めていくことだから、体の動きがそうなると、性格も思考も前を向いてくるようです。そして体力がつくと、粘り強さや集中力、気力すらもついてくるように感じます。

ひぐま家の おさんぽアルバム

ときには家族でただ街を歩いてみよう！
歩くスピードでのみ、見える景色というものがあります。

ずっと東京に住んでいますが、実は知らない場所がたくさん！　国会議事堂や東京タワー、浅草に柴又など、東京を改めて観光するのは楽しく、今も都内の公園や庭園を制覇する勢いで巡っています。都内には七福神巡りも多数あるし、山手線を5日分くらいに分けて一周歩いたこともあります。これがとても楽しい！　下町のすぐ裏に近代的なビル群が立ち並んでいたり、坂の上と下で街の雰囲気が変わったり、運河の交差点というものも見つけました。歩くのに疲れたら水上バスもおすすめです。

　お弁当は作ることもあれば、現地の名店でいただくことも。おやつは巣鴨の塩大福や人形町のたい焼きなど、あらかじめ調べておいた町の名物を調達するのも楽しいものです。

ゲームのルール

ゲーム機解禁と同時にルールも与えました。ゲームはお手伝い・宿題・通信教材が終わってから。一週間の持ち時間は30分×7日で3時間半。表で管理させています。守れなかったらゲーム機は捨てるという厳しさも必要です。おかげで習慣化し、私は「勉強しなさい」と言ったことがありません。

ゴミ拾いの日

「ゴミは拾いましょう」と諭すのではなく、一緒に公道のゴミ拾いをします。「やる」と「やらない」の間には、大きな違いがあります。誰からも褒められなくても、誰も見ていなくても、正しいことをやる。そうやって街のゴミを拾う人は決して、街にゴミを捨てる人にもならないと思うのです。

何でもない日のお弁当

小さな子どもとの外食は、騒いだり汚したりしないかと気兼ねしてしまうので、しばらく自粛していました。その代わりにお弁当！　ただの公園や広場も、そこにお弁当があるだけで遠足のような気分に。朝のうちに作ってしまえるのも楽で、出かけない日でもお弁当を作り、家で食べたものです。

家族公認！　母家出の日

お母さん同士で家出の話題になったら、「私もした！」「私も！」と盛り上がりました。ならば爆発する前に、宣言して実行するのもあり？　家族にありがとうの気持ちは忘れずに、ひとりでゆっくり過ごしたり、友達と会ってリフレッシュ！〝孤育て〟主婦には「家出の日」という休日も必要です。

子育ては長期戦

子育ては、普通にやって当たり前。普段は人から褒められたり、評価されたりすることはほぼありません。でも時々子どものほうから、大きなご褒美がもらえたりします。

長男のそうが10歳のときに、学校で「〝大人になる〟とはどういうことか？」という課題が出て、こう発表しました。「〝大人になる〟とは、人を信頼し、人から信頼されること」。口で言わなくても、人を信じて行動してきた日々が、この子にはちゃんと伝わっていた……と大変だった日々も報われた気がしました。また私の誕生日に絵本を作って贈ってくれたことがありますが、それは10年前に私が作ってあげた絵本のお返しだというのです。あるときに播《ま》いた種が、彼らの中で確かに成長し、10年後にこうして花を咲かせる。自分が与えたものは、いつか自分自身に与られるのだなあと思いました。

子どもとの生活に、効率とか費用対効果とか即時の結果など……、つまり資本主義的な考え方はまったく通用しません。彼らは3分の道のりを28分かけて歩くような人たちです。でも一見無駄にしか見えない行動が、彼らの中で何に化けるかはわからない。今やっていることの結果はすぐには出ない。子育ては10年20年先を見据えた壮大な計画です。それでも今子どもと過ごす日々は、これで大丈夫と信じて過ごしていくしかない。命を預かり、見返りがなくてもひたすら与えて世に送り出す。そんな育児という仕事は、いわゆる世の中の仕事とは対極にあるものだとつくづく思います。

奥は私が長男に作った絵本。手前の彼から贈られた絵本には、夫と私が結婚して5人家族になるまでの物語が。小さいけれど確かな幸せが詰まっていました。

第五章

つくること

中学の入学祝いに、買ってもらったミシンがあります。
子どもが生まれた後、そのミシンが再び大活躍！
時間を見つけてはミシンをカタカタ……。
子どもが着る物や使う物はとても小さいから、
短時間であっという間に仕上がってしまいます。
あるときは子どもと一緒に手作りを楽しみます。
雨が降ったら外遊びは中止だから、
代わりにおうちで、工作や絵本作り。
子どもが生み出すものはかわいく、そして面白いから、
こういうものを眺めていると、
面倒な日々すらまあいいかと思えてくる効果も！
子どものために作ったり、子どもと一緒に作ったり
いずれにせよそれは、幸せな時間になるのだと思います。

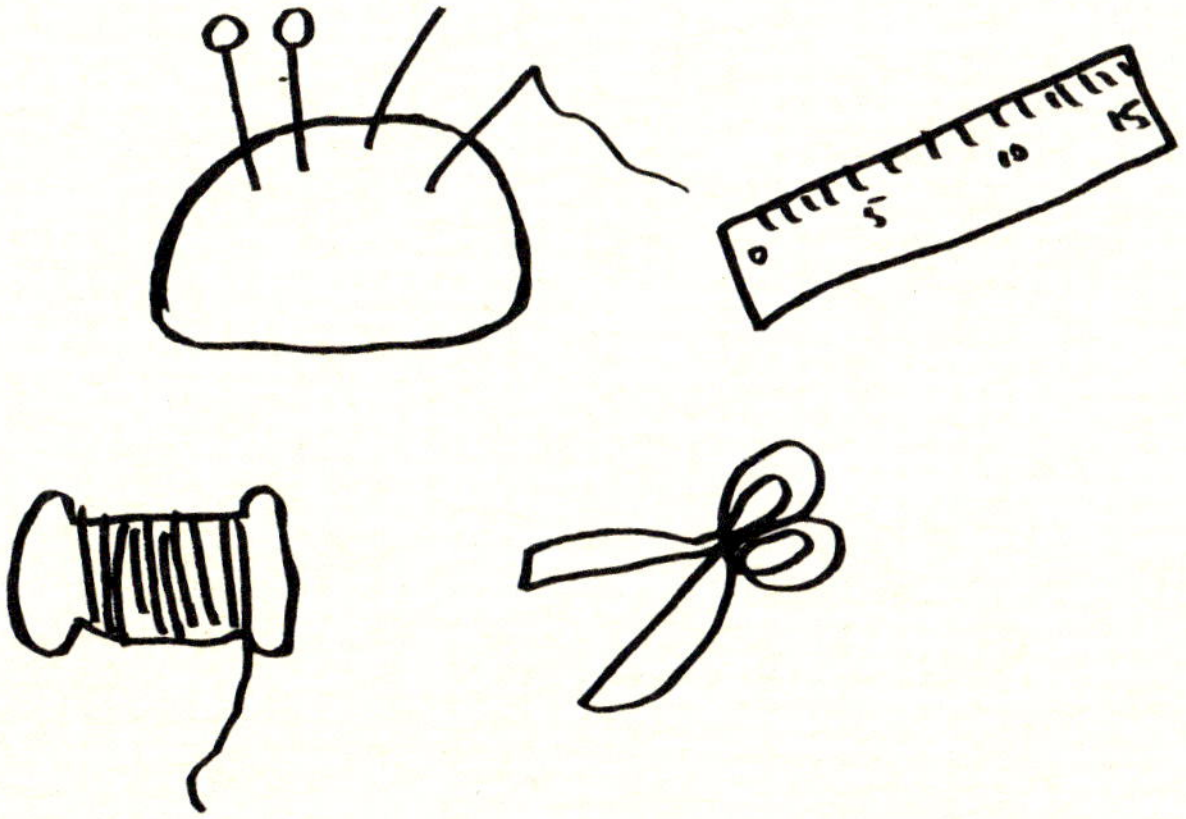

作ることは趣味

何かを作るのが好きです。思い描いていたものが形になるのは楽しいものです。手作りは、成果が目にも見えるから嬉しいのかな。私のストレス解消法でもあります。

街ですてきなものを見つけると、これ作れないかな?と考えます。作れそうとなればあやしい客と化して、商品をじろじろと観察します。そして家で再現してみるのです。手作りならとても安く出来上がるのも嬉しいものです。3人目にして女の子が産まれ、女の子服にも開眼しました。子ども服は小さいというだけでかわいい! 親子でおそろいも楽しんでいます。

とはいえ「子どもがいていつやるの?」とよく聞かれます。赤ちゃん時代はお昼寝時間にしていましたが、少し大きくなったら子どもの横でやっていました。危ないものや触ってはいけないものも、きちんと言えば伝わったから。それにお母さんが作っているものが自分の物とわかると、子どもも嬉しそうに私の横で見ています。絵本や工作などは子どもと一緒に作れば、親子の楽しい時間にもなります。子どもがいたって、自分の趣味を諦めることはないのです。

ひぐま家の手作りアルバム

子どもと一緒に楽しんでいる手作り。
マスコットなどは今では子どものほうが上手に作ります！

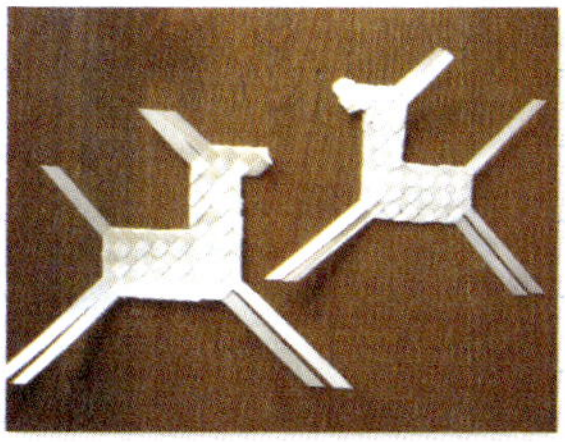

子どものおもちゃも作れます!

段ボールを上下に重ねてさらに壁も作り、テープでとめれば本体は完成。グッズも収納できます。

右／キャラクター変身グッズは、筒状に縫ってゴムを通したスカートと大きなリボンのセット。ミラー付コンパクトとステッキは夫作。左／釣りゲームはクリップを付けた魚を磁石で釣るというものです。

初めておもちゃを作ったのは、ふたり目の出産前です。私が入院してもさびしい思いをさせないようにと、当時長男が大好きだったミニカー用の街を一緒に作りました。名づけてブーブータウン! 半畳ほどある段ボール板に、線路や道路を描いたら、厚紙や画用紙を使って駅舎や店や家を作りました。私の入院中も産後もずっとそれで遊んでいた長男です。

その後のヒット作はままごとキッチン。私にべったりだった娘と、やはり一緒に作りました。棚や引き出しを付けたり、小さなボウルをはめ込んでシンクもつけたり。キッチン作りには100円ショップが使えます。シンクのボウルだけではなく、小さなサイズの鍋や泡だて器やお玉は、ままごと道具にも最適です。

絵本も手作り

数枚の画用紙を半分に折り、折り目の上下を三角に切り取って紐や輪ゴムでとめた絵本。

子どもの絵を色画用紙に貼り、ホチキスでとめた絵本。空想の生き物図鑑です。

拾ってきた葉をボンドで貼り、ホチキスでとめた絵本。葉には顔も描きました。

メモ帳に描いた絵をパソコンに取り込み編集、自宅で印刷した絵本。

「テレビ・パソコン・携帯電話が普及したが、絵本の形はこれから百年でもきっと変わらない。舐めても少々踏んづけても壊れず、一緒に寝ることもできる。そんな絵本は子どもにとって最高の形」と絵本作家のかこさとしさんが言っていました。

そんな絵本というものを、子どもと一緒によく作っています。物語を考え絵を描いて、色を付けて製本して……と考えると気が遠くなってしまいますが、大げさに考えなくてもいいのです。「雨の日のようくん」などと子どもの名前を入れた題名を付け、その日に作った折り紙作品を貼っただけでも、製本すれば世界でたったひとつの絵本が完成するのですから。というわけで、ぜひ気軽に絵本作りを！

幼稚園グッズは色をそろえて

入園する園によって、用意するものはさまざまです。「なるべくお母様の手作りで」などと言われると、私は燃えて作るタイプ！　使うのは子どもなのですが、ここは作る人の特権ということで、私の趣味で布を選んで楽しく作っています。

娘のものは、無地と水玉の麻布を使い、持ち手や裏地には赤い布を合わせました。毎日使うものだから、じゃぶじゃぶ洗濯ができることと、丈夫に作ることを心掛けています。

園児はまだ文字が読めない子も多いので、目印となるマークや色があると良いと思います。パッと見て自分の物とわかるように。石川ゆみさんの『こどもがまいにちつかうもの』（筑摩書房）という本が、センスがよくとても参考になりました。

子ども服とおとな服

小さなバラが集まったリバティの生地で、子どものバルーンスカートと私のブラウスを作成。シックな子ども服はあまりないので、簡単なものなら作ります。

大好きな水玉のウール地で、親子バッグを作りました。女の子はなぜかバッグ好き。大好きなお母さんとおそろいとなれば、さらに喜んで使ってくれます。

娘が生まれてから、俄然服作りが楽しくなりました。なにせ女の子のものはかわいいし、スカートやワンピースなど、簡単に作れるものが多いからです。子ども服作りでよく参考にしているのは、伊藤まさこさんの『こはるのふく』(文化出版局)と『少女の服』(世界文化社)。まさこさんの服はシンプル&簡単なので、洋裁の腕前は中学高校の家庭科程度の私でも、半日もあればできる優秀レシピがそろっています。

小さな子どものものはとにかく小さいので、おとな服を作った余りで子どものものが作れてしまいます。布が1メートルもあれば子どものワンピースと私のハンカチが縫えたりするので、親子でほんの少しだけおそろいということを楽しんでいます。

直線のみ
ソーイング・
レシピ

クッションカバー

気に入った生地でクッションカバーも作れます。カバーを替えるだけで、部屋の雰囲気も変わりますよ。

●でき上がりの大きさ
40 × 40㎝
●材料
生地：45 × 95㎝
★　お持ちの正方形クッションの大きさに合わせて（一辺＋5㎝）×（一辺× 2＋15）㎝にカット。

1　短い辺 2 辺を幅 1 ㎝の三つ折りにして縫う。

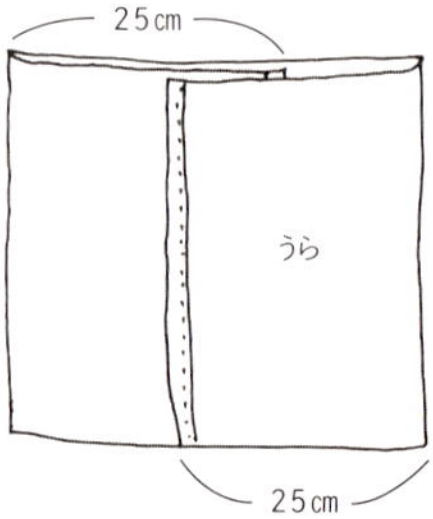

2　図のように折る。

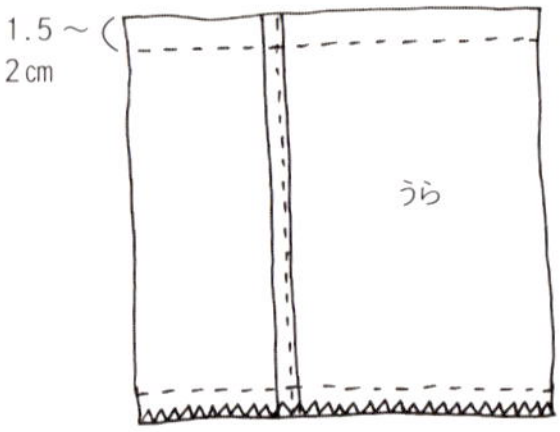

3　厚手の生地なら端から 1.5㎝、普通地なら 2㎝のところを縫い、表に返して完成。
★　気になるようなら、端にジグザグミシンをかける。

バルーンスカート

女の子にとても似合うバルーンスカートも簡単に作ることができます。ふんわりした形に仕上げるには、薄手の生地を使うのがポイントです。

●でき上がりの大きさ
服のサイズ 110㎝の子用でスカート丈約 32㎝
●材料
生地：布幅 110㎝ × 70㎝
ゴム：1.5㎝巾のゴム 40㎝前後（ウエストに合わせて切ってください。）

★　（スカート丈 × 2）＋ 6㎝で必要な布の長さは計算できます。

1　布を裏側に倒して折り、アイロンで、ウエスト部分になる折り目をつけておく。

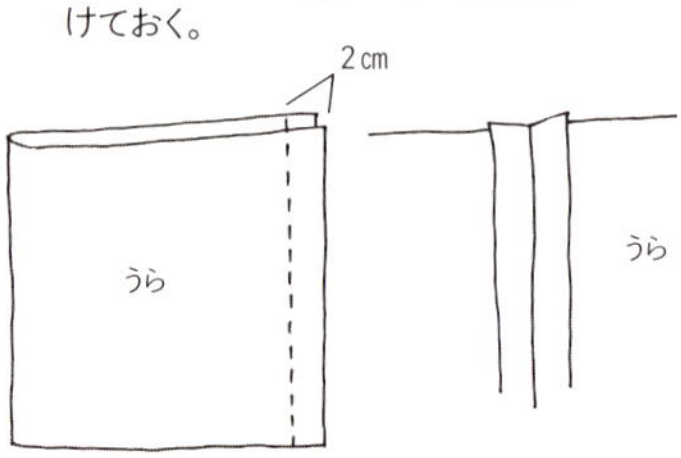

2　布を中表に半分に折り、脇を縫い合わせ、縫い代は左右にひらいて、アイロンをかけておく。

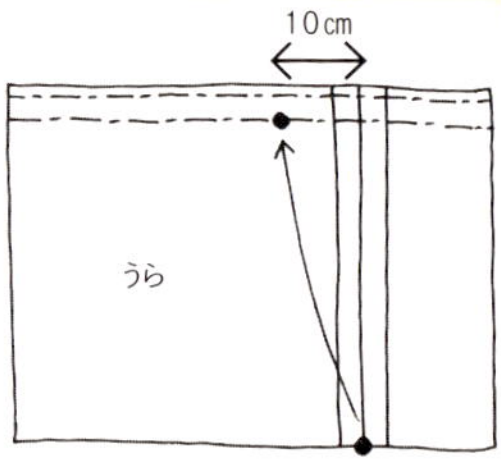

3　布の表が外側になるように折り返しますが、この時●印を 10㎝ほどずらして重ねます（すそが輪になります）。

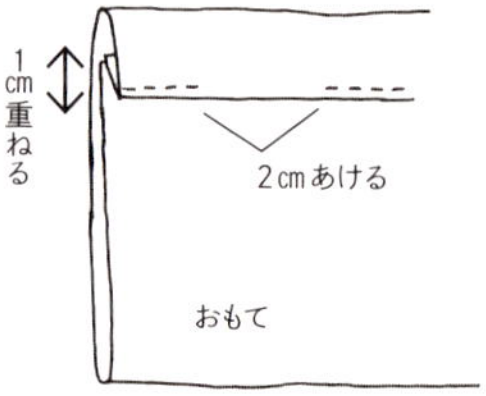

↑断面図

4　図のように布を重ねて、4 枚一緒にウエスト部を縫う。この時、ゴム通し口を 2㎝あけておく。
5　ウエストにゴムを通し、ゴムの両端を縫い合わせておく。

こどもミニバッグ

小さな子、特に女の子はなぜかバッグが大好きです。大小と作って、お母さんとおそろいで持つのもかわいいと思います。

●でき上がりの大きさ
約 24 × 16 × マチ 10cm
●材料
ウール地など：27 × 45cm（本体）、25 × 18cm（持ち手）
裏地：27 × 45cm

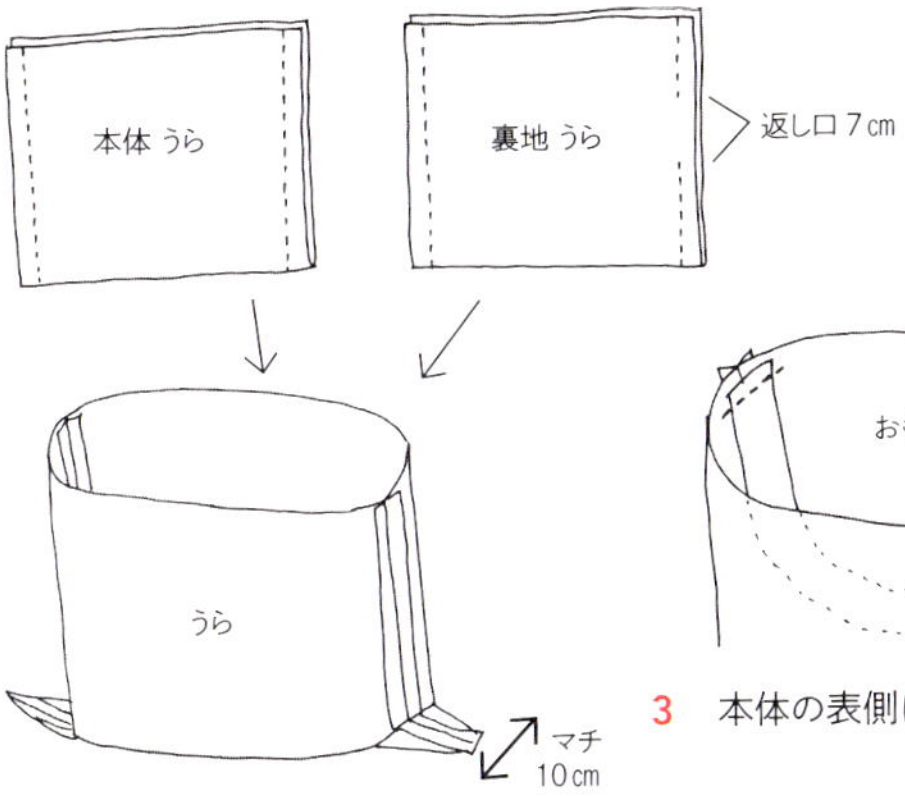

1　本体と裏地をそれぞれ中表にして半分に折り、1cmの縫い代をつけて脇を縫う。底のマチも縫う。

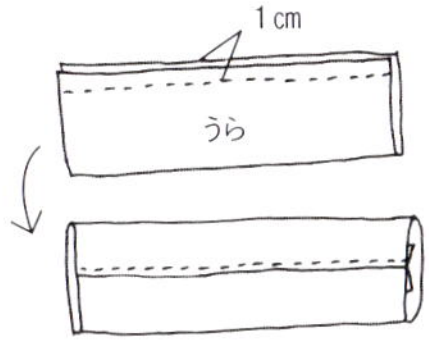

2　持ち手を中表に折り、縫ったら表に返し、中心にステッチをかける。

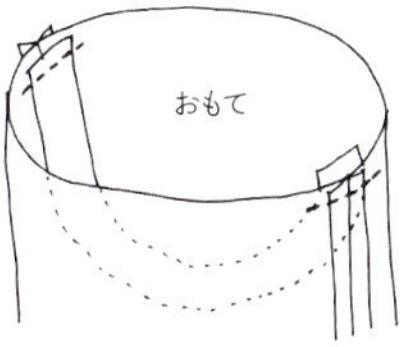

3　本体の表側に持ち手をつける。

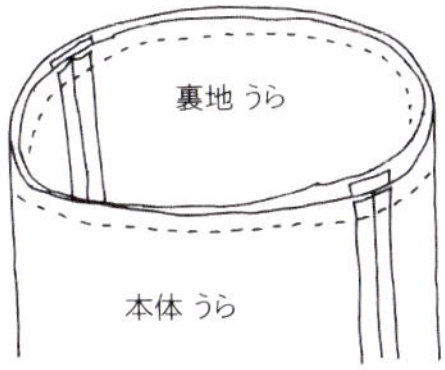

4　裏地を表に返し、内側に本体を合わせて、袋の口を一周縫う。
5　表に返して、返し口を手縫いで閉じる。

俵型おてだま

服などを作った余り布で、お手玉が作れます。おままごとの材料になったり、玉入れあそびをしたり……、お手玉は万能おもちゃです。

●でき上がりの大きさ
約 7 × 6cm
●材料
生地：11 × 18cm
手芸用ペレット（または小豆など）：40g

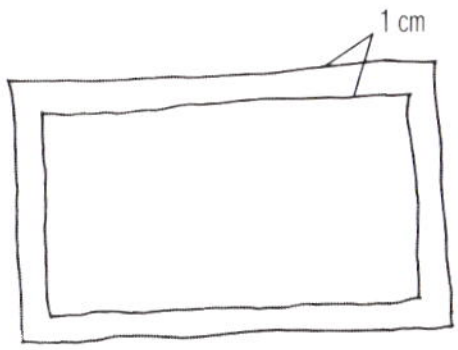

1　生地に 9 × 16cmの線を引き（ボール紙で型紙を作っておくと便利）、1cmの縫い代をつけて裁つ。

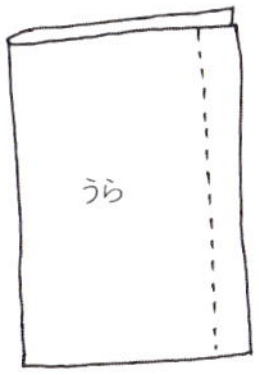

2　半分に折り、脇を縫う。

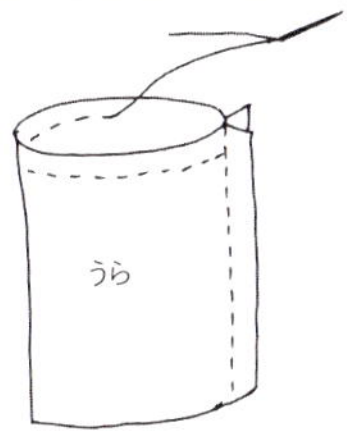

3　上部をぐるっと一周ぐし縫い（注：表裏の針目をそろえて細かく縫うこと）し、糸を引いて縮めたら玉止めする。

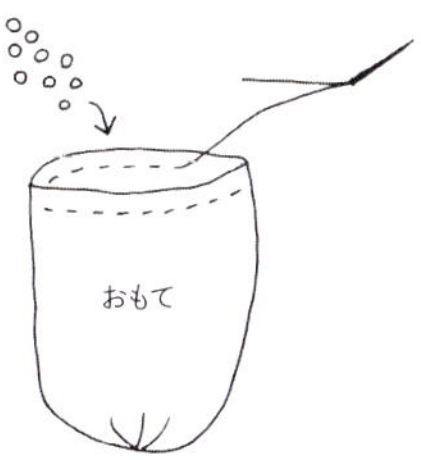

4　裏返してもう一辺もぐし縫いし、手芸用ペレットを入れ、縫い代が内側に入るようにしぼって、玉止めしたら完成。

第六章

ひととつきあうこと

子どもが同じ年頃というだけで、
今まで出会えなかった人たちと出会えます。
保育園や幼稚園、学校に通うようになると、
先生たちや保護者同士の付き合いも始まります。
人と気持ちよく付き合っていくためには、
「いい人」でいるほうが得策です。
その人の技術や能力以上に、人柄も大事に思えるから。
世間のお世話になって、生きているのは皆同じ。
だからまず、周りの人に気持ち良く挨拶する。
嫌な仕事も気持ち良く引き受けてみる。
そうやって朗らかに惜しみなく与える人でいると、
結局は自分が与えた以上のものが、
自分に返ってきていることに気がつくのです。

感謝の気持ちをいつも

さまざまな人と場所にお世話になっています。大切にしているのは、いつも感謝の気持ちを持つということ。

人はひとりでは生きていけない、とはよく言われることですが、子どもを育てているとそれを強く感じます。私が家事や育児をしている間、夫は会社で働いてくれる。園や学校では先生方が、しっかりと子どもたちと向き合ってくれる。物を作る人、街や暮らしを整える人、そういう人たちがいるおかげで、便利な生活が送れます。

現代人はお金を払って、物を買ったりサービスを受けたりする消費者という立場に慣れてしまったけれど、そもそも学校は教育というサービスを提供してくれる場所ではないと考えています。だから面倒を見てくれて当然とは思いません。子どもを育てるという意味では、先生も親も同じ立場です。子どもたちが健やかに成長していくために、大人たちは同じ方向を向いて、ともに育て、育ち合う気持ちでいたい。だから権利ばかりを主張して自分は何もせず、問題があったときのみ相手を責めるような人ではいたくないと思っています。それはきっとなにに対しても、言えることなのだと思います。

先生へのお手紙

封は開けたまま

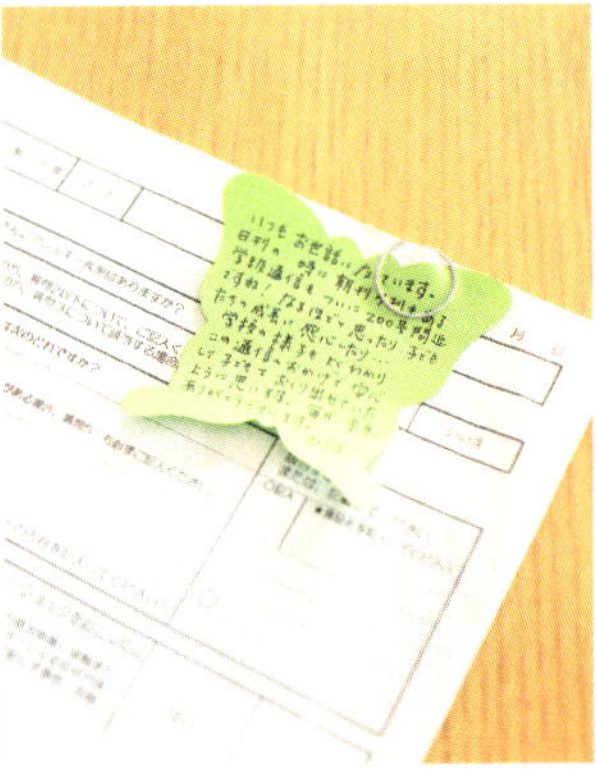

ポストイットで

行事のあとに

今どきの先生はとても良くやっています。だからたまに手紙を書いて、感謝の気持ちを伝えています。先生をしている友人曰く、お手紙が一番嬉しい……ということを聞いたので。そこには悪いことは書きません。そして封もしない。だから読もうと思えば子どもも読めます。それで親の言葉に裏はないとわかるだろうし、先生のことは親も信頼を寄せ、尊敬しているということが伝わるはずです。

子どもが普段からそう納得できていたら、決して先生の言うことを軽視したり、授業を妨害したりするようなことにはならないと思うのです。親の意向は子どもにダイレクトに伝わります。親がその学校を好きな家庭では、おかしなことにはならないはず。子どもの居場所を居心地のいいものにするためのサポートは、親にもできることなのかもしれません。

ママ友へのお礼

子どもを預かってもらったり、お迎えを頼んだり……、近所のママ友の存在なくして子育てはできません。お互い様の精神で助け合っているとはいえ、ありがとうの気持ちは伝えたいもの。そして友人の家にお邪魔するときにも、なにかお礼を考えます。そんなときには、手作りのお菓子を持って行くことが多いです。

そのお菓子はカステラだったりクッキーだったりと気取りのないものなので、ラッピングも大げさにならないように、でもほんの少しだけかわいく！を心掛けています。焼き菓子の型や紙コップ、空き箱はいくつか取っておくと便利です。カラフルな折り紙や紙ナプキンを乗せ、輪ゴムやリボンでとめるだけでも、かわいい包みができあがります。

ラッピングアイデア

● カゴに入れてセットに

焼いたスコーンには、ジャムと紅茶のティーバッグを添えて、アフタヌーンティーセットにしてみました。カゴは100円ショップのもの。ラッピング商品以外も、使えそうなものは要チェック！

● クッキングシートで包んで

ケーキを一台そのまま差し上げるときは、クッキングシートで丸ごと包んで、麻紐やリボンを掛けます。どんぐりや松ぼっくりで飾ることも。タグにはケーキの紹介やメッセージも添えて。

● 透明の袋に折り紙を敷いて

大勢にお菓子を配るときには、こんな感じで包みます。油染みが気になるときは、折り紙の上にもう一枚透明フィルムを敷くことも。輸入品のお菓子は見た目もかわいいので、よく一緒に包みます。

● 透明カップに入れて

そのままつまめる小さなクッキーは、透明カップに入れて中身が見えるように包みます。ティーバッグも入れておやつのセットに。使い捨てのプラスチックコップもラッピングに使えます。

おもてなしランチ

子どもが騒ぐことも、時間も気にしなくていい。おうちごはんには気兼ねがありません。赤ちゃんが眠くなったら布団もあるし、おんぶしながらごはんだっていただけます。多少のお行儀の悪さはこの際横に置いて、おいしいものを食べながらの楽しい時間は、お母さんたちのなによりの息抜きになっています。

みな普段は家事に育児に頑張っていると思い、わが家でゆっくりしてもらおうと、この日はカレーランチを用意しました。私もその昔友人たちには色々と助けてもらったから、ちょっと手が空いた今は、私が助ける番だと感じています。

その人に直接返す「恩返し」ではなく、「恩送り」という考え方も、とてもすてきだなと思います。

もちよりランチ

重箱に入れて

ガラスの器で

100円のカップで

葉っぱマジック

それぞれが1、2品用意するだけでも、何組かそろえばテーブルはおかずでいっぱいに！　普段食べないものが食べられたり、料理のレシピ交換も楽しいものです。話題の店やレストランにはすっかり疎くなりましたが、へたな店よりおいしいものが食べられる！と思っています。それはちょっと負け惜しみかな？

もちよりランチに活躍するのは、重箱や蓋つきのガラスの器。これらは保存容器としても使えるし、お皿に移し替えなくてもテーブルへ出すことができます。地味なおかずには葉っぱを添えると、一気に見栄えが良くなるから不思議。ハランや南天などを育てておくと便利です。デザートは100円ショップのカップに入れて。器を洗う負担を減らします。

おくりものアイデア

出産祝い

小さな帆布バッグは自分も使って良かったので、同じものを作りました。お出かけ時はおむつなどを入れて使ってもらえたら。肌にやさしいソープとタオルをセットにして贈ります。指人形はおまけ！

旅のお土産

お土産用として売られているものではなく、地元の人が普段使ったり食べたりしているものを選ぶことが多いです。大袋のものは小分けにして何種類かの詰め合わせにすると、もらったほうも楽しいかな？

フォトブック

両親や引っ越す友人親子には、物よりも思い出！と思い、写真集を贈ることが多いです。撮った写真を本にしてくれるサービスは「フォトバック」を利用しています。
http://www.photoback.jp/

写真付きカード

写真をあげたりもらったりすることがよくあります。最近はデータでのやり取りも多くなりましたが、画用紙で台紙を作り、こうしてカードにしてあげると、もらった子は喜んで飾ってくれるようです。

第七章

きせつをたのしむこと

日本には四季があり、節目、節目に行事があります。
ハロウィンやクリスマスのような華やかさはないけれど
日本の行事も、昔の人たちの思いが詰まった、
美しく、そして由緒あるものです。
年中行事以外にも、春はお花見、夏は花火に盆踊りと、
季節のお楽しみはたくさん！
なんでもない日ですらちょっとした工夫で、
その季節ならではのイベントになります。
暮らしにはハレ（非日常）とケ（日常）があります。
毎日は、同じことの繰り返しで気が涸《か》れる。
そこでハレを設けて、暮らしをリセットするのです。
明日へのエネルギーになるように、
上手にハレの日を取り入れていきたいものです。

春 spring

お花見

この季節は毎年、友人家族と新宿御苑へ。たくさんの桜がある場所はパワースポットに感じられ、満開の桜の下でエネルギーをチャージしてきます。

ひな祭り

遊山箱は徳島の行楽用の弁当箱。初節句のお祝いに母が贈ってくれました。三段重には花いなりやういろうを入れて。「漆器蔵いちかわ」のもの。

入園・入学・進級グッズ

入園前は制作に追われますが、進級時は洗い替え用のナプキンや雑巾を縫う程度。クラスを書き換え、紐やボタンも繕っておきます。

春はひな祭りから。ちらし寿司にハマグリのお吸い物を作ります。春休みはお墓参りへ行き、お花見も楽しみます。そして新学期の気ぜわしい日々を過ごすと、あっという間に子どもの日がやってくるのです。

子どもの日の鯉のぼりと言えば、吹流しの色は人の守るべき五つの道、仁(青)義(白)礼(赤)智(黒)信(黄)を表しているそうですよ。

日本の行事を大切にしていきたいと思っています。作物が豊かに実りますように。子どもたちが健やかに成長しますように。日本の行事はもともと日々の祈りが形になったものだから、季節ごとの行事をご馳走も食べながら家族で祝うことで、暮らしはより豊かに、幸せになれるような気がするのです。

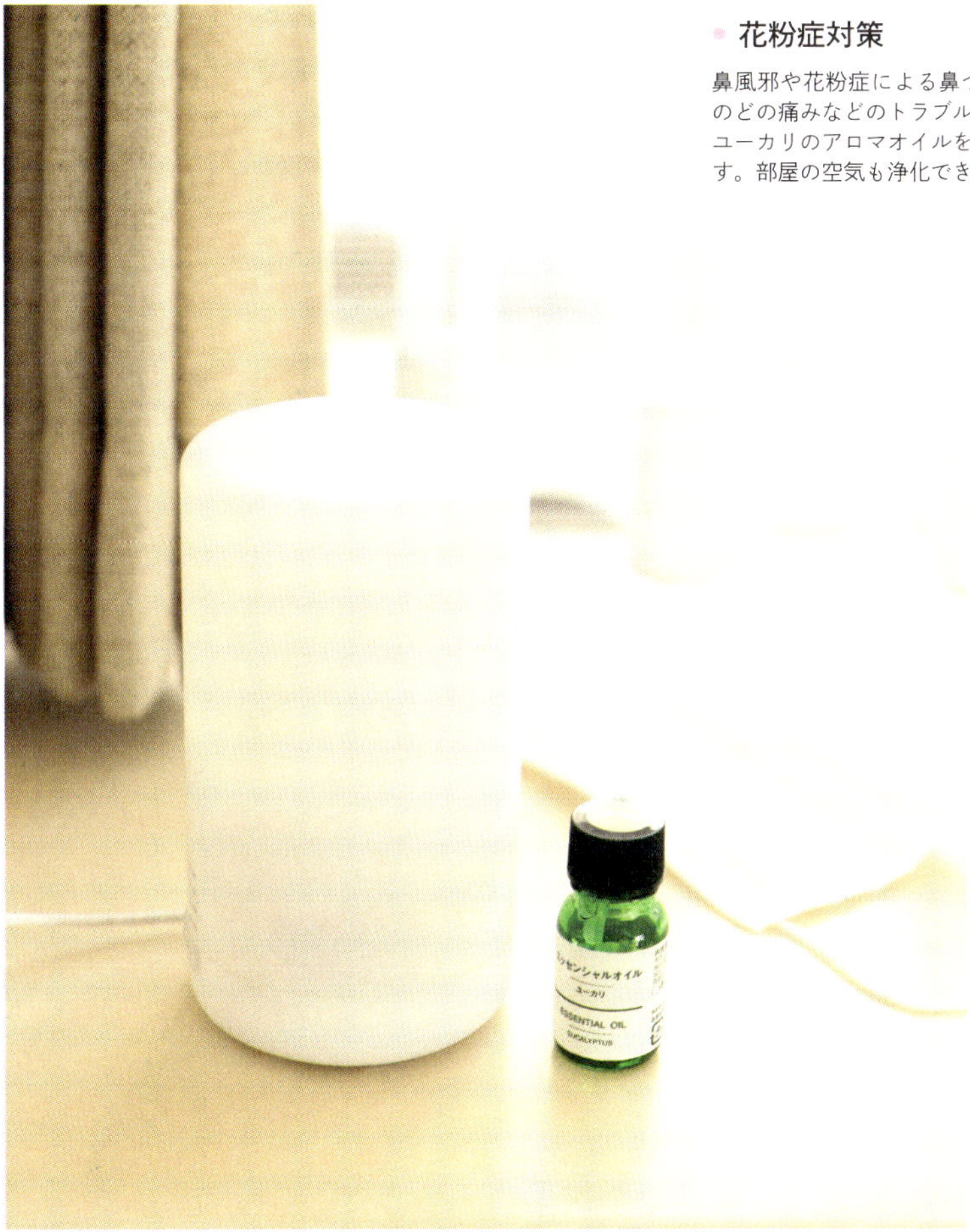

花粉症対策

鼻風邪や花粉症による鼻づまり、のどの痛みなどのトラブル対策にユーカリのアロマオイルを焚きます。部屋の空気も浄化できます。

子どもの日

鯉のぼりや兜《かぶと》を飾り、柏餅を食べ、縁起のいい中華ちまきを作ります。
その晩は菖蒲《しょうぶ》湯にも入り、今年も健康に過ごせることを祈ります。

夏 summer

キャンドルナイト

夏の夜、ときには電気を消してみます。手作りのろうそくに灯りをともして、ごはんを食べたり絵本を読んだり、静かな夜を過ごします。

青梅や新しょうがが出始めると、シロップや甘酢漬けをいそいそと仕込み始めます。今年もこの季節がやってきたな、と思いながら。ベランダにはゴーヤや野菜の苗も植えます。プランター栽培のゴーヤでも、夏には毎日収穫できるようになります。

7月に入るとすぐに七夕祭りがあります。でもこの日はまだ梅雨の時期……。空に星が見えないことも多いのです。いっそのこと旧暦で暮らしてはどうかと思います。七草粥を食べる日には路地に七草もそろい、桃の節句には桃の花が咲き、七夕も旧暦に合わせれば梅雨もすっかり明けた頃で、空に天の川が見えることでしょう。こちらのほうが、日本の行事や自然と寄り添う暮らしには、ぴったりと合っているのです。

しょうがしごと

ジンジャーシロップは、しょうがを皮ごとスライスしたものを、砂糖と水とシナモンスティックとともに、20分ほど煮詰めれば完成です。

梅しごと

青梅は洗い、なり口を取って冷凍。清潔な保存瓶に入れ、同量の砂糖をまぶして冷暗所に置き、一週間以上置いたら梅シロップの完成。

ベランダ菜園

プランターを使って野菜作りをしています。なぜかキュウリはいつも失敗。トマトやゴーヤにハーブ類が、チャレンジしやすいようです。

七夕

七夕のお膳は食前酒の梅酒と、笹の葉寿司、キュウリとしょうがの和え物、天の川に見立てた素麺入りの七夕汁です。葛饅頭と梅煮も添えて。

ベランダプール開き

友達を呼んだときは水遊び以外にも、ここでヨーヨー釣りやスーパーボールすくいも楽しんでいます。縁日気分でとても盛り上がりますよ！

ゴーヤカーテン

日よけにもなり、実も収穫でき、育てるのも簡単！と三拍子そろったゴーヤは優秀作物です。緑があると、目にも涼しく感じられます。

秋 autumn

● ハロウィン

お化けやコウモリの抜き型を使って、毎年クッキーをたくさん焼きます。写真のカボチャは折り紙で作成。そこにクッキーを詰めて配るのも楽しい！

● 秋を探しに

公園には松ぼっくりやどんぐりなどの木の実がたくさん！　落ち葉もきれいです。拾ってきたものは、工作やおままごとの材料にします。

長い夏をしのいでいると、ふと空が秋のものに変わっていることに気づきます。秋はおいしいものがたくさんあって、何をするにもいい季節。

近頃スローライフとか、ワークライフバランスとか、心の豊かさを大切に思い、暮らしの見直しが始められてきています。季節の行事はそんな暮らし方の基にもなります。

仕事に家事に育児に介護にと、何もかも背負って忙しい現代人。お月見の日に限らず、ときには空を見上げて、月や星を眺めるのもいいかもしれません。その満ち欠けや変化を見ていると、大変な日々も続くわけじゃない、日々は確実に変わっていくのだと感じることができるし、今日という日もまた、かけがえのないものに思えてくるはずです。

芋のお菓子

芋掘りで採ってきたり、ご近所からいただいたり、この時期はさつま芋の在庫がたっぷり。子どもたちの大好物の大学芋をよく作ります。

お月見

月を愛《め》で、収穫に感謝する行事です。米の粉でお団子を15個作り、秋の収穫物である里芋やさつま芋などの作物もお供えします。

栗しごと

栗が出始めると渋皮煮を作り、毎年楽しみに待ってくれている義母へ送ります。専用の通い瓶もあります。渋皮煮のタルトもおいしい！

冬 winter

クリスマスにお正月と、冬はわくわくする季節です。クリスマスの準備では次男が名アシスタントとなって、一緒にご馳走を仕込みます。

年末は大掃除を済ませると、おせち作りに勤《いそ》しみます。重箱への詰め方のテキストは、デパートのおせちカタログ！　こうして迎えるお正月は一年の大切な節目。祖先や穀物の神様である年神様を迎えて、ゆく年への感謝とくる年の平和を祈ります。

年中行事を大切にしてきた母に教えてもらいながら、私も昔ながらの行事というものを、少しだけていねいに行っていけたらと思っています。こういったものは家庭でやらなければいつか廃れていきます。でもこうして子どもや孫へと伝えていけたら、とてもすてきなことです。

クリスマス

収穫に感謝する冬至祭と、キリスト誕生を祝う降誕祭が合わさって今の形になったそう。飾りつけは子どもが担当。ツリーや飾りは東急ハンズで購入。

節分

病気や不幸、貧しさや平和を乱す一切のものを、鬼に見立てて追い払う行事。鬼の嫌う柊とイワシ、鬼退治のあたり棒（すりこぎ）と大豆を飾ります。

ゆず湯

冬至は一年で一番日照時間の少ない日。この日にビタミン豊富な南瓜を食べ、ゆず湯に入ると、一年間風邪を引かないと言われています。

七草がゆ

1月7日は人日（じんじつ）の節句。春の七草を入れたおかゆを食べて、今年一年病気知らずに！　おかゆは正月の疲れた胃も休ませてくれます。

1 「三刀四下がり」がシデの基本なので、切込みは3本。上は細めに、徐々に間隔をあけると末広がりに。

2 切込みを入れた2段目を折ります。この後は、外側に外側にと同じ方向に折っていきます。

3 四角が連なるように折れたら完成。もう1枚は対象的に切込みを入れ、反対側へ同じように折ります。

《シデのつくり方》

おわりに

初めての子を出産したとき、正直大変なものを生み出してしまった、と思いました。死なせるわけにはいかないし、途中で降りることも許されないのだな、と。こうして始まった子どもとの生活は、「かわいい！」と「大変だ！」が交互にやってくる、賑やかで幸せな日々でした。

しかし日々の生活は単調だし、なにかを生み出している実感もなく、モチベーションを保つのがとても大変です。そんな毎日に本当に疲れてしまったときは、家族に伝えてまずはひたすら寝てしまいます。そしてちょっと元気になったら、目に見える成果を作るのです。新しい料理にチャレンジするのでも、掃除をしてきれいな部屋を作るのでもいい。それがうまくいったら家族も幸せにできる。そして一番大事なのは、誰からも評価されなくても、自分自身を認めてあげること。日々やっていることに自分でイエスと言うこと。自分の幸せもまた、自分で作るものなのだと思っています。

日々まじめに、日々誠実に、自分のやりたいことだけではなく、目の前にやるべきことがあればそれをきちんとやる。最終的には人間これしかないのかな、と思います。日々正しいことをしていったら、自ずと正しい道が開けて来るのかもしれない、と。今、自分が置かれた場所でベストを尽くす、そんな気持ちです。そしてどんな人にも家に帰れば普通の暮らしが待っていて、社会はそれぞれの暮らしの上に成り立っているから、だからやっぱり「普通の暮らしが一番大事！」だと、私はそう思っています。

３人目の子を授かったとき、また外で働けなくなったけれど、それならば主婦のプロになろう！と密かに決意したことを思い出します。そうして毎日のお母さん仕事を淡々と続けていったら、一家庭の日常をこんな風に本にしてもらえるまでになりました。これには私自身がとても驚いています。

最後になりましたが、広い社会からわが家を見つけてくれ、その後一緒に本作りをしてくださったワニブックスの杉本さん、その場の空気感までも切り取るような、すてきな写真を撮ってくれた原田さん、わが家らしいすっきりとしたデザインを提供してくださったわたなべさん、関わって下さったすべての皆さま、本当にありがとうございました。本作りの間ずっと協力してくれた夫と子どもたちにも感謝しています。そして子どもたちにはもうひと言、伝えたいことがあります。

私をお母さんにしてくれて、どうもありがとう！

２０１４年８月

ひぐま あさこ

《 お問い合わせ先 》

ヴェレダ・ジャパン …… ☎0120-070-601
クナイプお客様相談室 … ☎ 045-620-9979
HARIO …………………… ☎0120-398-207
パルシステム …………… ☎0120-53-4400
フォトバック …………… ☎0120-298-956
プルナマインターナショナル
………………………… ☎ 03-5411-7872
無印良品 池袋西武 ……… ☎ 03-3989-1171

《 STAFF 》

撮影 ……………… 原田真理
デザイン ………… わたなべひろこ
字・イラスト …… ひぐまよう
撮影協力 ………… たべものや ITOHEN
写真提供 ………… ひぐまあさこ
校正 ……………… 玄冬書林
編集 ……………… 杉本透子（ワニブックス）

もっと楽しく、少しだけていねいな

お母さん仕事

家事力をぐんと上げる93のヒント

ひぐまあさこ 著

2014年8月31日 初版発行
2014年11月1日 3版発行

発行者 … 横内正昭
編集人 … 青柳有紀
発行所 … 株式会社ワニブックス
〒150-8482
東京都渋谷区恵比寿4-4-9 えびす大黒ビル
☎ 03-5449-2711(代表) ☎ 03-5449-2716(編集部)
ワニブックスＨＰ … http://www.wani.co.jp/
＜正しく暮らす＞シリーズＨＰ … http://www.tadashiku-kurasu.com/

印刷所 … 凸版印刷株式会社
ＤＴＰ … 株式会社三協美術
製本所 … ナショナル製本

ISBN 978-4-8470-9244-2